중국 호구제도와
인구이동

아연 중국연구총서 06
중국 호구제도와 인구이동

2007년 8월 14일 제1판 1쇄 발행

지은이   이민자
펴낸이   정민용
펴낸곳   폴리테이아
출판등록 2002년 2월 19일 제 300-2004-63호
주 소   서울시 종로구 홍파동 42-1 신한빌딩 2층
         전화 02-722-9960(영업), 02-739-9929(편집), 팩스 02-733-9910
표지디자인 송재희
표지사진   연합뉴스

ISBN 978-89-92792-02-8 94300
     978-89-955215-7-1 (세트)

* 책값은 뒤표지에 표시되어 있습니다.
* 잘못된 책은 바꿔드립니다.

이 도서의 국립중앙도서관 출판시도서목록(CIP)은 e-CIP 홈페이지(http://www.nl.go.kr/cip.php)에서 이용하실 수 있습니다(CIP제어번호: CIP2007002332).

중국 호구제도와
인구이동

이민자 지음

폴리테이아

차 례

서문 | 7

제1장 서론
   1. 왜 호구제도와 인구이동에 주목하는가? | 10
   2. 연구현황 및 자료 | 12
   3. 책의 구성과 주요내용 | 17

제2장 호구제도의 형성과 농촌문제
   1. 서론 | 21
   2. 호구제도의 개념 및 형성과정 | 22
   3. 호구제도의 역할 및 영향 | 28
   4. 마오쩌둥식 경제발전전략과 호구제도 형성 | 35
   5. 덩샤오핑식 경제발전전략과 인구이동 | 38
   6. 호구제도와 농촌문제 | 48

제3장 개혁기 인구이동과 1980~1990년대 호구관리정책
   1. 서론 | 54
   2. 농민공 개념 | 55
   3. 인구이동 현황 및 농민공의 특징 | 57
   4. 1980년대 호구정책: 이농 금지에서 묵인으로 | 69
   5. 1990년대 호구정책: 제도와 시장의 충돌 | 73

제4장 2000년대 호구제도개혁 논의와 배경
   1. 서론 | 88
   2. 호구제도개혁 논의 | 90
   3. 호구개혁 배경 Ⅰ: 시장과 제도의 충돌 | 98
   4. 호구개혁 배경 Ⅱ: 국가-농민공 관계변화 | 105

제5장 중국 농민공의 계층분화, 도시 빈민화, 주변화
    1. 서론 | 116
    2. 동향촌 내부의 사회계층분화 | 118
    3. 농민공의 도시 빈민화 | 122
    4. 농민공의 주변화 | 136

제6장 결론
    1. 호구제도의 미래 | 147
    2. 인구이동과 '조화로운 사회' 건설 | 150

참고문헌 | 152

서 문

이 책의 목적은 호구제도에도 불구하고 개혁기 중국에서 왜 인구이동이 급증하고 있으며, 그로 인해 어떤 사회변화 및 제도개혁이 이루어지고 있는지를 분석하는 것이다. 계획경제 시기 중국 정부는 시민은 단위제도, 농민은 인민공사에 의해 통제되는 중국 특유의 사회주의 체제를 형성했다. 이런 체제 하에서 도시로의 인구이동을 금지하여 도시인구를 20% 이내로 제한했던 호구제도는 단위제도에 필요한 사회경제적 비용을 억제했고, 계획경제가 유지될 수 있는 기초가 되었다.

그러나 개혁기 시장화, 사유화에 따라 사회주의 제도인 호구제도와 시장 간에 충돌이 발생하게 된다. 1980년대 중반부터 농민은 정부의 행정 통제에서 벗어나 비공식적 방법으로 도시에 불법체류하기 시작했다. 불법체류가 가능했던 이유는 시장화, 사유화의 결과 정부의 직접 통제 밖에서 생활할 수 있는 '새로운 공간'이 도시에 형성되었기 때문이다. 그 새로운 공간은 시장 및 민간경제 영역의 발전으로 확장되어 갔다. 특히 1990년대 급속한 개혁개방정책으로 도시에 거주하는 미등록 인구(農民工)가 급속히 증가하여 호구제도의 기능을 마비시키기에 이르렀다. 따라서 2000년대 들어 중국정부는 사회변화를 반영하여 호구제도를 위로부터 적극적으로 개혁하기에 이른다. 호구제도 개혁으로 농민공의 지위는 도시의 불법체류자에서 합법적 거주자로 바뀌고 있지만, 이들이 시민이 되는 길은 아직도 멀다. 농민공은 중국 도시에서 시민들로 구성된 주류사회로 진입하지 못하고 도시빈민화, 주변화되고 있다. 이 책에서는 그 원인이 무엇인지를 중국의 사회·경제적 변화와의 관계 속에서 고찰했다.

중국 호구제도와 인구이동은 중국적 특수성을 보여주는 사회주의적 제도와 산업화 과정에서 도입된 시장화, 사유화와 같은 자본주의적 요소 사이의 충돌을 대표적으로 보여주는 사례라는 점에서 중국 경제발전의 특징을 설명하는 데 중요한 주제이다. 또한 이 연구는 개혁기 도시와 농촌의 변화와 문제를 동시에 보여줄 수 있다는 면에서 개혁기 중국 사회의 변화를 설명하기 위해 주목할 필요가 있다. 특히, 후진타오(胡錦濤) 체제 등장 후 농촌문제의 심각성이 부각되고, 경제발전 방식이 '선 경제성장 후 분배'에서 '경제성장과 균형발전'을 동시에 추구하는 방향으로 변화되면서 인구이동 및 농민공 문제는 최근 중국에서 가장 큰 사회적 이슈가 되고 있다. 따라서 이 연구주제는 고도 성장하는 중국의 현재를 이해하고 미래를 전망하는 데도 연구의미가 크다.

필자는 1995년 박사논문 준비를 시작하며 중국의 호구제도와 인구이동에 관심을 갖기 시작한 후 10여 년 이상 이 주제를 연구해 왔다. 중국 경제성장의 그늘 및 중국식 경제발전의 특징을 보여줄 수 있다는 믿음이 이 주제를 떠나지 못하게 했던 것 같다. 많은 중국학자와 도시의 밑바닥 인생을 살아가는 농민공들을 만나면서 개혁기 성공과 실패의 양면을 동시에 볼 수 있었다. 이 주제에 관한 2000년까지의 기초적 연구결과는 2001년 『중국 농민공과 국가-사회관계』 라는 이름으로 나남출판에서 단행본으로 출간되었다. 이 책은 주로 2000년 이후의 호구제도 개혁 및 인구이동에 집중하려고 노력했다.

이 연구를 진행하면서 많은 분들의 도움을 받았다. 우선 중국 현지조사를 위해 도와주신 중국의 연구기관 관계자 분들께 감사드린다. 중국사회과학원(中國社會科學院) 사회학연구소 황핑(黃平) 교수는 필자가 2000년 2월부터 2001년 2월까지 중국사회과학원 사회학연구소 방문학자로 머물렀던 1년 동안 현지조사를 할 수 있도록 많은 도움을 주었다. 또한 베이징사회과학원(北京社會科學院)

다이젠중(戴建中) 교수, 한자링(韓嘉玲) 교수는 필자가 많은 농민공을 인터뷰할 수 있도록 직접 주선해 주었으며, 필자가 수많은 토론 및 참여관찰을 통해 중국의 사회변화를 좀 더 심도 깊게 이해할 수 있도록 도와 주었다. 런민(人民)대학 바이난성(白南生) 교수는 필자가 외국인으로서 가진 편견에서 벗어날 수 있도록 했으며, 중국 통계 및 자료의 행간을 제대로 이해할 수 있도록 도움을 주었다. 중국의 농민공 관련 NGO에서 일하는 마샤오둬(馬小朶)는 농민공자녀학교에서의 관여관찰과 농민공 인터뷰를 도와주었으며, 농민공으로서의 자기 삶을 생생하게 들려주었다. 이 분들께 진심으로 감사드린다.

중국 호구제도와 인구이동을 연구하는 과정에서 한국학술진흥재단의 재정적인 도움이 컸다. 2000년 박사후 과정(Post-Doc.) 지원금과 2005년 신진교수연구지원금이 없었다면, 중국 현지조사를 기초로 한 이 연구를 하기 어려웠을 것이다. 한국학술진흥재단의 연구지원에 다시 한번 깊이 감사드린다. 또한 이 연구를 '아연 중국연구총서'의 한 권으로 발간할 수 있도록 지원해 주신 고려대학교 아세아문제연구소의 최장집 교수님께 감사드린다. 원고를 꼼꼼히 읽고 고쳐주신 폴리테이아 편집자에게도 감사드린다. 마지막으로 이 책을 쓸 수 있도록 격려해 주신 암 투병 중인 아버지와 병간호로 고생하신 어머니께 이 책을 바치고 싶다. 아버지의 빠른 회복을 기도드린다.

2007년 8월
이민자

제1장

서 론

1. 왜 호구제도와 인구이동에 주목하는가?

중국 정부는 계획경제체제가 형성되는 시기인 1958년 호구제도(戶口制度 또는 戶籍制度라고도 함)를 만들었다. 호구제도라는 인구등록제도가 실시되면서, 모든 중국 국민은 호구지(戶口地)에 등록되었고, 출생지에서 발급되는 호구에 따라 '농업호구'(農業戶口)와 '비농업호구'(非農業戶口)로 나뉘었다. 이에 따라 중국의 도시와 농촌 간에는 '보이지 않는 벽'(invisible walls)이 생겨났고, 도시와 농촌이라는 이원(二元)구조가 형성되었다(Kam Wing Chan 1994).

호구제도는 자유로운 인구이동을 금지하는 것으로, 중국만의 독특한 국민통제제도라 할 수 있다. 호구제도의 일차적 목적은 도시로의 비합법적인 인구유입을 통제하여 도시인구의 증가로 발생하는 정부의 사회경제적 비용부담을 줄이는 것이다. 중국에서는 1950년대 말부터 사회주의적 시스템의 기초라 볼 수 있는 '도시의 단위제도' '농촌의 인민공사 조직'이 생겨나고, 단위에 속한 시민에게만 식량 및 주택 배급 등 다양한 사회복지혜택을 제공했다. 호구제도는 1978년 개혁 이전 농촌에서는 인민공사(人民公社), 도시에서는 단위제도(單位制度)와 결합되어, 농촌과 도시 간의 인구이동을 엄격하게 통제했다.

그런데 개혁 이후 시장화, 사유화로 인해 1980년대 중반부터 농촌과 도시

간의 '보이지 않는 벽'에 서서히 틈이 생기기 시작했다. 중국에서 인구이동이 사회문제로 언론매체의 주목을 받기 시작한 것은 1989년 설날 기간 광저우(廣州) 기차역에 귀향하려는 농민공 인파가 몰려 교통전쟁이 발생하면서부터다. 그 후 1992년 "사회주의 시장경제" 발표에 따라 개혁개방정책에 가속도가 붙자 연해 주요도시 및 대도시에서 농민공이 급증했다.

2004년 중국의 다른 성(他省) 도시에 취업한 농민공(農民工)은 약 1억 2천만 명으로, 13억 중국인구의 약 10%, 농촌 노동력의 약 24%에 해당된다(國務院研究室課題組 2006, 3-4). 이처럼 엄청난 규모의 인구가 도시에서 시민권(都市戶口) 없는 불법체류자로 임시직을 전전하며 생활하는 것이 중국의 현실이고, 이는 정치·사회적인 불안정을 유발할 수 있다는 면에서 사회주의체제 유지에도 위협이 될 수 있다.

사회주의 통치체제의 유산이라 할 수 있는 호구제도가 폐지되지 않았는데도 불구하고 비공식적 인구이동이 급증하여 2004년 현재 중국 전체 인구의 약 10%에 달하고 있다는 것은 이미 호구제도가 무력화되고 있음을 보여준다. 따라서 개혁기 중국의 대규모 인구이동은 사회주의적 '제도'와 자본주의적 속성을 지닌 '시장' 사이의 충돌이라 볼 수 있다. 경제발전을 위해 도입된 시장화, 사유화라는 자본주의적 요소는 중국에서 경제개혁의 범위를 넘어 사회변화, 더 나아가 정부정책 및 제도변화를 불가피하게 만들고 있다.

예컨대 시장화의 결과 중국 정부는 2003년부터 농민공 관리정책의 변화 및 호구제도개혁을 본격적으로 추진하기 시작했다. 2003년 6월, 국무원은 〈도시 유랑자 수용 및 송환 규정(1982년 제정)〉을 폐지하고, 〈도시 유랑자 구제 관리 방법〉을 공포하여 2003년 8월 1일부터 시행하도록 했다(黃平·杜銘那克 主編 2006, 206, 252). 이에 따라 호구제도 아래서도 농민공의 도시 취업 및 거주권이 합법적으로 인정되어 지방정부가 어떤 이유로든 이들을 함부로 고향으로 추방하지 못하게 되었다. 이로서 농민공은 2000년대 초까지의 '불법체류자'라는 이미지에서 벗어나기 시작했고, 중국 정부는 농민공에 대한 평등한 대우 및 서비스 향상까지 강조하기에 이르렀다.[1]

후진타오 체제 아래서 2003년부터 호구제도개혁이 급진전되고 있는 것은 중국의 경제발전전략 변화와 밀접한 관계가 있다. 후진타오 정부 이전에는 선부론(先富論)에 입각한 경제발전을 우선 강조한 반면, 후진타오 정부는 2005년부터 '조화로운 사회 건설'(和諧社會建設)이라는 신발전관을 제시하고 경제성장과 사회 안정을 동시에 추구하는 '균형발전'을 강조하고 있다. 이에 따라 경제발전 과정에서 소외되었던 농촌 및 농민 문제가 최우선 정책과제로 떠올랐고, 농촌문제 해결방안으로 도시화 정책을 추진하고 있다. 이런 거시적 정책의 변화로 인구이동을 금지하여 도시화를 막아왔던 호구제도의 개혁이 불가피하게 되었다. 또한 2004년부터 농민 및 농민공의 시위가 대규모화, 폭력화되자 중국 정부는 농촌문제를 해결하지 않으면 지속적 성장 및 사회주의체제 유지가 힘들다는 인식 아래 호구제도개혁 및 농민공 문제에 관심을 갖기 시작했다.

2. 연구현황 및 자료

우선 1990년대까지 호구제도 연구는 첫째, 계획경제 시기 호구제도의 형성 과정 및 배경, 호구제도의 기원 및 역할 등 중국만이 지닌 독특한 제도를 개괄적으로 이해하는 연구가 주류를 이루었다. 둘째, 개혁 이후 호구제도가 농민공의

---

[1] 2004년 호구제도를 개혁하면서 농민공에 대한 다양한 차별정책을 폐지하여 농민공을 시민과 평등하게 대우하려는 인식의 전환이 나타났다. 또한 중국정부는 농민공이 평등한 조건에서 취업할 수 있도록 통일적인 노동력 시장을 형성하고 농민공의 권익을 보호하며 서비스를 향상해야 한다고 강조했다(李强 2005, 31-32).

도시생활에 미치는 사회·경제적 영향, 호구제도와 시장경제의 충돌 등을 주로 다루었다.[2] 2000년대 호구제도 연구에서 주목할 만한 연구는 페이링 왕(Fei-Ling Wang)의 연구이다. 이 연구에서는 중국 호구의 역할 및 정치·경제·사회적 영향을 제도적 배제, 분할, 통제라는 세 가지 개념을 중심으로 분석한다. 특히 이 연구에서는 그동안 알려지지 않았던 부분으로, 중점인구(重點人口) 관리에 호구제도 및 호구 담당 경찰이 어떤 역할을 했는지 상세히 소개하고 있다(Wang 2005 ; 2004).

2000년대 초부터 본격적으로 시작된 호구제도의 개혁 혹은 폐지 논쟁은 시장화의 결과로 바뀐 중국 정부의 사회관리방식을 보여주는 중요한 사례라는 점에서 중국 국내외에서 주목받고 있다. 그러나 호구제도개혁의 중요성에 비추어 볼 때, 2000년대 진행 중인 호구제도개혁에 관한 체계적인 연구는 미진한 상황이다. 호구제도개혁에 관한 기존연구는 중앙 및 지방정부의 개혁정책 발표 및 지역별 실험적 시행 현황을 단편적으로 소개하는 데 그치고 있다. 호구제도개혁 혹은 폐지를 둘러싼 중국 내의 논쟁을 소개하거나 호구개혁 배경을 개혁기 중국의 사회·경제적 변화의 맥락에서 설명한 연구는 거의 없다. 따라서 이 책에서는 이 부분을 보완하기 위해 호구제도에 대한 기초적인 이해를 바탕으로 2000년대 호구제도개혁을 둘러싼 쟁점 및 배경을 분석하는 데 주안점을 둘 것이다.

다음으로 중국에서 1989년 인구이동(民工潮) 문제가 사회적 이슈가 된 후 전문적인 농민공 연구가 시작되었다. 1990년대 중국 내에서 주목할 만한 농민공 연구는 1994년부터 미국 포드재단(Ford Foundation)의 재정 지원을 받은 8개

---

[2] 호구제도에 관한 기존 연구는 다음 참조. Christiansen(1990), Cheng and Selden(1994), Chan and Li(1999), Mallee(2000), 前田 比呂子(1996), 吳航(2000), 吳雲霞(1999), 藍海濤(2000), 陸益龍(2003).

연구팀이 설문조사 및 인터뷰를 바탕으로 한 실증적인 연구이다. 농민공에 관한 중국학자의 연구는 대부분 농민공 출현 원인 분석 및 규모, 농민공의 도시생활 현황조사(직업, 취업경로, 동향관계 등), 정부정책에 대한 건의 등이 주요내용이었다. 특히 1990년대 대도시 농민공에 관한 연구는 정부가 이들을 어떻게 관리 및 통제할 것인가라는 문제의식을 기초로 도시의 사회 안정 및 치안유지 차원에서 접근하는 경향이 강했다.[3]

1990~2000년대 초까지 중국의 인구이동, 농민공에 관한 연구는 몇 가지 주제로 구분하여 살펴볼 수 있다. 첫째, 유출-유입 이론(push and pull theory)[4]에 기초하여 이농을 결정하는 다양한 요인에 관한 연구가 활발히 진행되었다. 즉 연령, 성별, 교육 정도, 혼인 상태, 1인당 평균 경지면적, 1인당 평균 생산성, 도시와 농촌의 수입 차이 등이 농민 이농에 미치는 영향에 관한 연구이다. 이런 연구는 대부분 전국적 표본이 아니라 몇 개 성(省), 현(縣)의 샘플 조사통계를 사용하고 있다.[5]

둘째, 도시와 농촌의 노동력 시장 분할(market segregation), 임금 결정(wage determination), 임금 차이(wage differentials), 노동력 시장의 유연성(market flexibility) 등에 관한 연구가 있다. 중국의 노동력 시장 분할은 농촌과 도시 외에 정규직과 비정규직으로 분할되어 '이중적 노동력 시장'을 형성하고 있다. 이런 분할된 노동력 시장에서 양자 간의 이동은 어렵다. 정규직 노동력 시장은 호구제도로 정부의 보호를 받기 때문에, 농민공은 비공식 부문 노동력시장으로 진입하게 된다. 정규직에 속한 시민과 비교할 때 비정규직에 속한 농민공의 임금은

---

[3] 농민공에 관한 중국학자들의 1990년대 기존 연구는 다음 참조. 韓俊(1995 ; 2000), 趙樹凱(1998), 李强(2001 ; 1999), 外來農民工課題組(1995), 王建民·胡琪(1996), 宋林飛(1995 ; 1996), 孫立平(1996).
[4] 이 이론에 관한 자세한 설명은 Todaro(1969)를 참조.
[5] 중국 농민이 이농을 결정하는 요인에 관한 1996~2002년 기간의 기존 연구 정리는 다음 참조. 蔡昉·白南生 主編(2006, 103-107), 이민자(2001, 167-196).

시민의 1/2 정도이다. 농민공은 도시취업에서 임금 차이 외에도 다양한 정치·경제적 차별(歧視) 및 사회적 배제(排斥)에 직면하게 된다(Yang 2001).⁶

1990년대까지 농민공에 관한 기존 연구에서는 호구제도 아래서 농민공에 대한 시민의 배타적 태도 및 편견 등 문화적 차별, 3D 업종에 종사할 수밖에 없는 이중적 노동력 시장에서의 경제적 차별 등으로 인하여 농민공이 도시에서 장기거주해도 시민이 되기는 어렵다는 시각이 지배적이었다.

중국 밖에서는 사회주의 통치체제의 특징이 반영된 호구제도와 시장 사이의 상호관계를 중심으로 중국의 특수한 사회현상으로서 농민공 문제를 다루어 왔다. 이런 연구는 호구제도의 제약에도 불구하고 시장을 기반으로 도시에 체류하는 농민공의 도시생활을 개혁기 국가-사회관계의 변화라는 시각에서 설명했다. 솔린저(Dorothy Solinger)의 연구가 가장 대표적이다. 그녀는 시민사회(civil society), 도시공공재(urban public goods regime), 시민권(citizenship) 등의 개념을 통해 농민공 문제를 사회주의 제도와 시장 간의 '제도적 충돌'(institutional collision) 문제로 설명했다(Solinger 1999 ; 1995, 127-146 ; 1993, 91-122).

한편, 베이징의 동향촌(同鄕村) 저장(浙江)촌에 대한 주목할 만한 연구로는 정종호, 왕춘광(王春光)과 샹퍄오(項飇)의 연구를 들 수 있다. 이 연구들은 비국가공간(非國家空間 : non-state space) 개념이나 국가-사회관계의 변화라는 관점에서 저장촌의 형성과정 및 생활사, 동향촌의 운영방식, 저장인의 독립적인 공간 및 정체성, 저장촌과 국가의 관계 등을 다루었다(王春光 1995 ; 項飇 2000 ; 1998 ; 1993 ; 정종호 2000).

한편, 2003년부터 중국 중앙정부의 농민공에 대한 인식이 바뀐 후 농민공 연구에도 새로운 변화가 나타났다. 연구자들은 농민공이 사회치안을 위협한다

---

6 중국 개혁기 시민과 농민공 간의 임금 차이, 노동력시장 분할에 관한 다양한 기존 연구를 정리한 것은 다음 참조. 蔡昉·白南生 主編(2006, 107-112).

는 부정적 시각에서 벗어나 농민공의 정치·경제·사회적 공헌을 강조하고, 농민공에 대한 제도적 차별을 폐지해야 한다는 주장을 제기했다. 이런 농민공에 대한 인식 변화는 연구경향에도 반영되어 다음과 같은 변화가 나타났다.

첫째, 농민공의 법적 권리 보호에 관심을 갖게 되자, 농민공의 권익을 보호하기 위한 법률 지식을 알려주는 단행본들이 2003년부터 쏟아져 나왔다.[7] 이런 연구결과는 1990년대 농민공을 체제에 도전하는 세력이라 간주하던 시기에는 관심 밖으로 밀려나 있던 주제였다.

둘째, 농민공이 도시에서 생활하며 경험하고 느낀 생활사를 농민공의 생생한 목소리를 통해 전달하는 단행본들이 출판되기 시작했다.[8]

위에서 살펴본 기존 연구 동향을 고려하여 이 책은 다음과 같은 점에서 기존연구를 보완하려 한다. 즉 사회주의적 통치체제를 대표하는 호구제도의 형성과 해체를 연구하여 사회주의적 유산과의 단절과 연속성을 살펴본다. 둘째, 중국의 시장화, 사유화 과정에서 발생한 인구이동의 특징 및 농민공 문제를 분석한다. 특히 이 책에서는 2000년대 호구제도개혁 현황 및 배경, 그로 인한 농민공의 도시생활 및 시민화에 미치는 사회·경제적 영향을 중심으로 다룰 것이다. 개혁기 호구제도와 농민공 문제는 다른 사회에서는 나타나지 않았던 '중국적 특수성'을 대표적으로 보여주는 주제라는 점에서 주목할 필요가 있다.

---

[7] 예컨대, 陳民 等(2003a), 失昆·郭姨 編(2005), 王玉芬 編(2005), 章群·楊麗 主編(2004), 馮擧 編(2005), 勞動和社會保障部書刊發行中心組織編寫(2004), 齊香眞 編(2005) 등을 들 수 있다. 특히 중국노동자출판사(中國工人出版社)에서 2003년부터 다음과 같은 주제로 다양한 농민공 관련 법률서적이 출판되었다. 陳民 等(2003b), 張喜才·房鳳文 編寫(2006), 謝良敏 畢穎 編寫(2006), 李强·張濤 編寫(2006), 李建平呂靜 主編(2006) 참조.

[8] 예컨대, 陸漢洲(2005), 周擁平 等(2004), 王潁(2005), 王潁(2005) 등이다.

3. 책의 구성과 주요내용

이 책은 서론(1장)을 포함하여 모두 6장으로 구성되어 있다. 각 장의 연구주제 및 주요내용은 다음과 같다.

제2장에서는 계획경제 아래서 사회통제제도인 호구제도의 형성과 유지를 중국의 경제발전전략과의 관계 속에서 설명할 것이다. 아울러 중국의 심각한 사회문제로 주목을 받고 있는 농촌문제(三農問題: 농민, 농업, 농촌문제) 역시 호구제도로 인한 도시-농촌 간의 이원적 구조로부터 출발하고 있음을 고찰할 것이다.

호구제도의 개념 및 형성과정은 중국사회주의체제의 특수성이라는 시각에서 접근할 것이다. 첫째, 마오쩌둥(毛澤東)식 경제발전전략을 추진하는 과정에서 호구제도가 왜 필요했고, 어떤 배경 아래서 유지될 수 있었는지 소개한다. 둘째, 호구제도가 중국 국민을 정치사회적으로 통제하고, 경제적으로 희소자원을 분배하는 과정에서 어떤 역할을 했는지, 어떤 방식으로 시민과 농민 간의 사회경제적 불평등을 초래했는지 살펴본다. 셋째, 마오쩌둥과 덩샤오핑(鄧小平)의 경제발전전략이 호구제도의 형성 및 해체와 어떤 관계가 있는지 고찰한다. 넷째, 마오쩌둥 및 덩샤오핑 시기의 경제발전전략 및 호구제도로 인해 발생한 현대 중국의 농촌문제의 실상과 그 심각성을 소개할 것이다.

농민의 빈곤과 농촌문제를 벗어나려는 농민의 대규모 도시 이주라는 사회적 이슈는 중국 정부가 1950년 말부터 농민과 농촌을 배제하고 도시와 시민에게만 희소자원을 집중적으로 분배해 온 정책적 불평등의 결과라고 볼 수 있다. 개혁 이전 마오쩌둥 통치 아래서 중국 공산당은 농민의 이익을 대변하는 정당이라 표방했지만, 실제 정책결정과정에서는 전체 인구의 약 80%가 거주하는 농촌을 희생시키고 도시의 안정·질서유지·발전을 지원해 왔다. 시민에 대한 배타적인 특혜정책은 개혁 이후에도 대도시 및 연해 공업도시 중심의 발전전략을 통해 변함없이 이어졌다.

경제개혁 이후 시장화, 사유화의 결과 호구제도의 약화 및 인구이동이라는 새로운 사회변화가 나타났다. 제3장에서는 이런 사회변화를 호구제도개혁의 시기별 변화, 인구이동에 참여한 농민공의 기본적인 특징을 중심으로 살펴 볼 것이다.

첫째, 개혁기 중국 정부의 행정 통제를 벗어난 '비공식적 인구이동'이라는 새로운 사회변화는 다음 문제의식을 중심으로 살펴본다. ① 농민공의 이동 방향은 중국의 경제발전전략과 어떤 관계가 있는가? ② 인구이동을 주도해 온 '농민공'은 어떤 특징을 지닌 사회집단이며, 다른 나라의 도시화 과정에서 발생하는 이농민과 비교할 때 어떤 면에서 중국적 특수성을 보이는가? 농민공의 연령·학력·이농 연결망·직업 등에 관한 조사를 기초로 농민공의 사회·경제적 지위의 특징을 알아본다.

둘째, 사회주의적 특징이 반영된 호구제도와 자본주의적 요소인 시장경제의 확산으로 나타나는 사회변화와의 충돌을 중국 정부가 어떤 방식으로 해결해 왔는지 살펴본다. 성 내(省內) 인구이동 위주였던 1980년대 호구정책과 성 외(省外) 인구이동 위주였던 1990년대의 호구정책을 비교함으로써, 점진적인 제도개혁을 통해 사회변화를 수용해 가는 중국 정부의 개혁방식의 특징을 보여줄 것이다. 구소련이나 동구는 '쇼크 요법'을 통해 산업화·도시화에 맞추어 사회주의 유산을 급속하게 폐지했다. 반면, 중국은 쇼크 요법을 선택하지 않고, '점진적 개혁'의 원칙을 가지고 사회주의 유산(호구제도)을 유지하는 조건 아래 제도와 시장이 충돌하는 부분만을 수정하며 인구이동이라는 사회변화에 대응하면서 대도시로의 인구집중을 관리해 왔다.

제3장 내용을 통해 내릴 수 있는 결론은 다음과 같다. 즉 시장화, 사유화는 단위(單位)제도를 약화시키고, 이와 밀접하게 연계하여 실시되던 사회보장제도를 붕괴시켰으며, 그 결과 시민 출신 노동자의 기득권을 점차 해체하는 촉매제가 되었다. 한편, 시장화는 생산요소(노동력)의 자유로운 이동을 가능하게 했고

호구제도의 속박을 완화했다. 그 영향으로 농촌에서 이주한 이농민에게 도시로 진입하여 거주할 수 있는 새로운 공간이 열렸다.[9]

제4장에서는 2000년대 호구제도개혁을 둘러싼 중국 내 지배 담론의 쟁점을 공안부, 인대, 학자를 중심으로 고찰한다. 또한 호구제도개혁 논쟁이 제기된 사회·경제적 배경을 시장화·도시화·농민공에 대한 행정 통제 약화, 농민공의 집단저항을 중심으로 살펴본다. 아울러 광범위한 호구제도개혁에도 불구하고 기존의 역할이 어떤 점에서 연속성을 보이는지 고찰한다. 호구제도개혁 논의 및 실험 사례는 주로 농민공이 집중되어 있는 대도시(베이징, 상하이, 광저우, 선전)를 중심으로 소개할 것이다. 이 장은 "중국의 시장화와 사회제도개혁 : 2000년대 호구제도개혁 논의를 중심으로"『신아세아』(제13권 제2호)에 발표된 글을 수정 보완한 것이다.

계획경제 시대 중국사회를 통제하는 주요 사회제도였던 호구제도가 2000년대 '개혁 혹은 폐지 논쟁'의 위기까지 몰린 배경은 무엇인가? 2000년대 중국 각계에서 호구제도개혁을 둘러싸고 어떤 담론이 형성되었는가? 개혁기 사회·경제적 변화가 호구제도개혁에 어떤 작용을 했는가? 라는 의문을 제기해 볼 수 있다. 이런 의문을 풀기 위해 4장에서는 2000년대 사회·경제적 변화와 호구제도개혁 간의 관계를 중심으로 호구개혁의 배경을 살펴볼 것이다. 2000년대 호구제도개혁 논의의 쟁점은 ① 점진적인 대도시(베이징, 광저우, 상하이) 호구개방, ② 단일호구제도(居民戶口 : 주민호구)를 실시하여 농민과 시민을 구분해 온 이원구조를 폐지하고 호구를 '단일화'하는 것, ③ 호구제도개혁에서 더 나아가 폐지 논의 대두 등이다.

제5장에서는 농민공의 시민화 과정의 특징 및 문제점을 주변화, 도시빈민화 개념을 중심으로 살펴본다. 2000년대 호구제도개혁 및 농민공에 대한 차별

---

[9] 정재호 편(2002, 25-26) 참조.

정책 폐지 등 제도개혁으로 농민공이 불법체류자 신분을 탈피하고 있다. 그럼에도 불구하고 '동향촌 밖에' 거주하는 농민공이 왜 주류사회에 편입되어 시민화되지 못하는지 설명하려 한다. 농민공이 도시에서 장기 거주해도 '시민'으로 동화 혹은 통합되지 못하고 '주변화'되는 이유를 다음 몇 가지 요인을 중심으로 고찰할 것이다.

첫째, 제도개혁의 한계 : 농민공과 시민 간의 차별정책이 일부 폐지되고 있으나 여전히 '농업호구 소지자'로서 시민과 불평등하다. 둘째, 경제적 빈곤 : 이중적 노동시장에서 시민이 기피하는 3D업종에 종사하며 도시 빈민화되고 있다. 셋째, 고립된 거주 공간 : 도시 외곽의 농민공 집중거주지(城鄕村)에 거주한다. 넷째, 사회적 빈곤 : 사회적·문화적 차별로 인한 고립된 사회관계를 형성하게 된다. 농민공이 주변화되는 이유는 위 네 가지 요인 중 호구제도 자체의 제약보다는 단위제도 아래서 제도적 차별로 인한 경제적 빈곤·고립된 거주 공간·사회적 빈곤이 더 강하게 영향을 미친다고 하겠다. 이 장은 "중국 농민공의 계층분화와 주변화 : 불법 이농민에서 도시 빈민으로" 『신아세아』(제14권 제2호)에 발표된 글을 수정 보완한 것이다.

제6장 결론에서는 이상의 연구 내용을 요약하고, 호구제도개혁의 미래를 전망한다. 또한 호구개혁 및 인구이동으로 인한 사회변화가 '조화로운 사회건설'이라는 후진타오 정부의 정책방향에 어떤 영향을 미칠지 살펴본다.

제2장

호구제도의 형성과 농촌문제

1. 서론

　마오쩌둥 시기 계획경제 아래서 형성된 '사회주의 유산'은 호구제도와 단위제도라고 볼 수 있다. 1950년대 말 호구제도의 형성으로 도시와 농촌 간에는 중국 특유의 이원구조가 생겨났고, 그로 인해 평등 및 평준화를 강조하던 계획경제 시기에도 도시와 농촌, 농민과 시민 간에는 불평등이 유지되었다.

　중국에서 사회주의 경제는 1956년 말에 기본적으로 완성되었다. 1956년 말까지 사영공업의 99%가 공사합영으로 전환되었고, 1958년 말에는 전국 농가의 99%가 인민공사로 조직되었다(薛暮橋 1990, 101-102 ; 董志凱 2000, 2-3). 그 후 1958~1960년 대약진운동을 통해 인간의지, 자력갱생을 통한 '마오쩌둥식 경제발전전략'을 추진했다. 이런 계획경제체제가 형성되는 시기인 1958년 인구이동을 금지하는 호구제도가 생겨났다. 호구제도는 농촌에서는 인민공사, 도시에서는 단위제도에 기초한 시민에 대한 식량 및 주택배급제와 결합하여 농촌과 도시 간의 인구이동을 엄격하게 통제하였다.

　이 장에서는 우선 호구제도의 개념 및 형성과정을 중국사회주의체제의 특수성을 중심으로 살펴볼 것이다. 첫째, 마오쩌둥식 경제발전전략을 추진하는 과정에서 호구제도가 왜 필요했고, 어떤 배경 아래 유지될 수 있었는지 소개한다. 둘째, 호구제도가 중국 국민을 정치사회적으로 통제하고, 경제적으로 희소자원을 분배하는 과정에서 어떤 역할을 했는지, 어떤 방식으로 시민과 농민 간의 사회경제적 불평등을 초래했는지 그 영향을 살펴본다.

다음으로 마오쩌둥과 덩샤오핑의 경제발전전략이 호구제도의 형성 및 해체와 어떤 관계가 있는지 살펴본다. 아울러 이런 마오쩌둥 및 덩샤오핑 시기의 경제발전전략 및 호구제도로 인해 발생한 현대 중국 농촌문제의 실상과 그 심각성을 소개할 것이다.

2. 호구제도의 개념 및 형성과정

1) 호구 개념

중국에는 호구제도 아래 '농업호구'와 '비농업호구'로 구분되는 '두 종류의 중국인'이 있다. 다음 글은 중국 시민과 농민 사이의 제도적 차별을 대비적으로 보여준다.

"만일 당신이 중국 국민이지만, 비농업호구가 아닌 농업호구 소지자라면, 도시에서 아무리 오래 거주하더라도 투표에 참여할 수 없으며, 도시 현지 호구를 요구하는 대부분의 좋은 직업에는 지원할 수 없다. 도시 현지 호구가 없기 때문에 당신과 당신의 자녀는 정부가 지원하는 의무교육을 받을 수 있는 현지 공립학교에 갈 수도 없으며, 현지 시민 자녀에게만 주어지는 대학입학시험의 가산점을 받을 수도 없다. 당신은 단위(單位)가 시민에게 제공하는 다양한 복지혜택(의료보험, 임대주택 배급, 직업훈련, 사회복지 등)을 받을 수 없으며, 심지어 공공도서관 이용이나 유선전화 설치도 힘들다. 실업자가 되어도 정부의 실업인구통계에 포함되지 않으며, 빈민 지원 및 구제 프로그램에서도 완전히 제외되어 있다. 당신이 도시에서 구할 수 있는 유일한 직업은 3D 업종이며 임시거주증을 분실하면 벌금을 내고 재발급 받아야 한다. 당신은 현지 시민에게 무시당하기 일쑤이고, 특별히 부유하거나 매력적이거나 운이 좋지 않은 한, 특권을 누리는 시민과의 결혼을 기대할 수도 없다. 이처럼 중국 국민의 권리, 기회는 어느 지역 호구인가에 따라 다르다. 호구제도 아래서 중국의 권위주의적 정부는 지역적 분할(division), 제도적 배제(exclusion)에 의해 정치적 안정 및 사회적 통제를 유지해 왔다. 그 결과 호구제도는 부정의(injustice), 불평등(inequality), 불합리(irrationality)로 압축될 수 있는 '중국 특색의 사회경제적 계층화'를 만들어 냈다."[1]

자본주의 국가에서는 볼 수 없는 특수한 중국식 국민통제제도라 할 수 있는 호구제도의 개념과 특징은 무엇인가? 중국에서는 1950년대 말부터 사회주의적 시스템의 기초라 볼 수 있는 '도시의 단위제도' '농촌의 인민공사 조직'이 생겨나고, 시민에 대한 식량 및 주택 배급제가 실시되었다. 1958년에는 호구제도라는 인구등록제도가 실시되었고, 모든 중국 국민은 호구지에 등록되었으며, 출생지에서 발급되는 호구에 따라 농업호구와 비농업호구로 나뉘었다. 이에 따라 중국의 도시와 농촌 간에는 '보이지 않는 벽'이 생겨났고, 도시-농촌의 이원구조가 형성되었다. 호구제도 아래서 농민은 농업 종사자가 아니라 농업호구 보유자를 지칭하게 되었다. 호구 이전에는 공식적인 승인이 필요했으며, 농촌에서 도시로, 소도시에서 대도시로의 호구 이전은 거의 불가능했다.[2]

사회주의 시기 중국만의 독특한 차별정책이 바로 행정수단에 의한 '농업호구'와 '비농업호구' 간의 차별이다. 경제적 평등을 강조하던 마오쩌둥 시기에도 제도적 차별에 의한 농민과 시민 간의 불평등은 여전히 남아 있었다. 즉 농업호구 소지자는 인민공사에 속한 농민으로서 주로 농업에 종사한 반면, 비농업호

---

[1] Wang(2005)의 서론 부분 참조. 호구제도 아래 도시와 농촌의 이원구조 형성에 관해서는 다음 참조. 孫立平(2003, 149-155).
[2] 호구제도 개념 및 형성 과정에 대해서는 다음 참조. 陸益龍(2003, 111-142), 殷志靜·郁奇虹(1996, 2-10), Christiansen(1990, 24), Cheng and Selden(1994, 645-660).

구 소지자는 공유제 직장(단위)의 정식 노동자로서 시민이 누리는 다양한 복지혜택을 보장받았다. 이런 호구의 차이는 사회적 분업의 차이 외에 사회·경제적 불평등을 결정함으로써 사회계층의 차이로 나타났다. 농민은 자녀교육, 취업, 주택문제, 의료혜택 등 다양한 면에서 시민에 비해 불리했고, 이런 차별은 개혁기 농민 이농 후에는 도시에서 시민과 농민공 간의 불평등으로 반복되었다.[3] 또한 호구제도 아래서 모든 중국인은 호구에 따라 국가의 통제방식이 달랐다. 농민(農業戶口)은 인민공사 및 생산대(生產隊)가 통제한 반면, 시민(非農業戶口)은 단위 및 주민위원회(居民委員會)가 통제했다.[4]

2) 호구제도 형성과정

호구제도는 어떤 과정을 거쳐 어떤 목적으로 만들었는가? 1954년 9월 20일 발표한 〈중국 헌법〉에는 국민의 거주이전의 자유를 허용한다고 되어 있다. 당시 일부 청장년은 농촌을 떠나 도시에 들어와 일했고 도시의 유입인구는 몇 년 지나지 않아 2천만 명으로 증가했다. 도시는 이들에게 일자리, 식량 및 부식품을 제공할 수 없게 되었다. 이에 따라 1955년 6월 9일 국무원 제11차 회의에서 〈국무원 호구등기제도(戶口登記制度) 설립에 관한 지시에 관하여〉라는 문건을 통과시켰고, 1957년 12월 18일에는 중공 중앙과 국무원이 공동으로 〈농민의 맹목적인 이동을 금지하는 지시에 관하여〉라는 문건을 발표하여 도시와 농촌에

---

3 호구에 기초한 농민과 시민, 농민공과 시민 간의 불평등에 관한 자세한 설명은 다음 참조. Mallee (2000, 84)
4 호구 종류 차이에 따른 국가의 호구관리방식의 차이에 관한 안후이성 서남부의 라오펑진(老峰鎭) 사례 조사는 다음 참조. 陸益龍(2003, 190-201). 이주의 자유라는 시민권에 대한 헌법 조항은 1974년 중국 헌법에서 마침내 사라졌으며, 현재에도 여전히 없는 상태다.

서 호구를 엄격하게 관리할 것을 지시했다. 이런 조치들이 있은 후 어느 정도 농민의 도시유입을 통제할 수 있었다(劉豪興 1995, 284).

도시와 농촌을 구분하는 이원적인 도농분리정책(都農分離政策)을 본격적으로 추진한 것은 1958년 1월 중국 공산당이 〈중화인민공화국 호구등기조례〉(中華人民共和國戶口登記條例)를 공포하면서부터다. 이 조례에 따르면 호구관리의 취지, 호구등기의 범위, 호구등기관리를 주관하는 기관, 호구부(戶口簿)의 기능, 호구신고와 말소, 호구이전절차, 상주인구 및 임시거주인구(暫住人口) 등기를 명확하게 규정하여 호구제도를 엄격하게 시행할 수 있다. 예컨대 〈호구등기조례〉 제10조를 보면 "농촌에서 도시로 거주지를 옮기려는 공민은 반드시 도시 노동부문의 채용증명, 학교 입학증명 또는 도시호구등기기관이 비준한 전입증명을 구비하여 상주호구등기기관에 전출(호구 이전) 수속을 신청해야 한다."[5] 이처럼 인구이동을 엄격하게 규정함으로써 바로 현대판 신분제라 불리는 중국적 특색을 지닌 〈호구제도〉가 시작되었다.

그러나 1958년 당시만 해도 호구제도는 정착된 상태가 아니었다. 왜냐하면 1958년 '대약진' 정책으로 농민 이농이 다시 시작되었기 때문이다. 이 시기 도시 경제가 발전하면서 대량의 농민노동력이 농촌에서 도시로 이동하기 시작하였고, 이런 상황은 1960년까지 이어졌다.[6] 대약진 시기 도시인구는 1957년 약 1억 명에서 1960년 약 1억 3천만 명으로, 3년 동안 약 3천만 명이 증가했다. 약 3천만 명의 도시유입인구 중 90%가 농촌에서 새로 들어온 사람들이라는 점을 고려하면 인구이동이 활발했음을 알 수 있다. 이런 대규모 인구의 도시진입이 거대

---

[5] 〈호구등기조례〉의 주요내용은 다음 참조. 〈中華人民共和國戶口登記條例〉, 『人民日報』 1958年 1月 10日, 陸益龍(2003, 480-484). 이런 호구제도는 청 말기 및 국민당 통치시절 도시지역에서 실시되었던 보갑제(保甲制)에서 그 근원을 찾을 수 있다. Wang(2005, 86-87), 王建民·胡琪(1996, 35-36), 陸益龍(2003, 86-99) 참조.
[6] 대약진 시기 인구이동에 관해서는 Wang(2005, 88) 참조.

한 인구 압력을 유발하자 중앙정부는 인구이동을 엄격히 통제하기 시작했다.

중앙정부는 대도시의 인구급증을 막기 위해 1959년 〈농촌노동력 이동을 금지하는 지시에 관하여〉라는 문건을 발표했고, 1960년 이후 비농업호구의 관리를 강화하여 농업인구가 비농업인구로 바뀌는 것을 엄격하게 제한했다. 또한 1961년부터 경제가 쇠퇴함에 따라 중앙정부는 도시인구를 감소시키기 위해 전국에서 수천만 명의 직공을 농촌으로 돌려보냈다. 이때부터 엄격한 호구관리제도를 시행하기 시작했다. 농촌의 거주지를 3일 이상 떠나야 하는 경우에도 공안당국(公安當局)의 승인을 받아야 하고, 소속된 인민공사 생산대에 상당한 액수의 돈을 지불해야만 했다. 개혁 전에는 공안당국이 호구를 엄격하게 관리했던 것이다.

호구제도의 일차적 목표는 도시로의 비합법적인 인구유입을 통제하여 도시호구 인구의 증가로 발생하는 정부의 사회경제적 비용부담을 줄이는 것이었다. 이런 목표에 따라 호구제도는 인민공사 제도와 결합하여 농민을 기본적으로 토지에 묶어 놓았다. 인민공사를 이탈하는 어떠한 자유이동도 모두 '자본주의 경향'이라고 비판받고 금지되었다. 1966년 이후 정치색이 짙은 문화대혁명이 시작되자 농민의 도시유입은 더욱 엄격하게 통제되었다.[7] 통계에 의하면, 1960~1978년까지 약 20년 동안 각 성(省) 간의 노동력 이동은 2천 5백만 명에서 3천만 명이었고, 그중 정부의 공식허가를 받지 않고 이동한 불법이동은 몇 백만 명만에 불과했다. 개혁 이전 공식적으로 도시호구를 획득하는 방법은 국가 고용에 의한 도시 근무, 군 입대를 통한 장교 임관, 대학 및 대학원 입학 등이 었는데, 이는 매우 힘들었다. 따라서 호구제도는 도농 간 인구이동을 엄격히 통제함으로써 1978년 개혁 이전까지 도시인구를 18%로 유지할 수 있었다(李強

---

[7] 문혁기 엄격한 인구이동 금지 및 시민의 농민화(下放政策)에 관해서는 다음 참조. 韓俊(1995, 161-162), 陸益龍(2003, 123-142).

1993, 107-110).[8]

    그러면 1956~1976년까지 약 20년 동안 마오쩌둥식 경제발전전략을 추진하는 과정에서 호구제도는 어떻게 유지될 수 있었는가? 개혁 이전 호구제도가 유지된 것은 도시에서 시장이 폐쇄되고 주택, 식량, 생필품에 대한 배급경제가 실시되자 국가의 통제 밖에서 생활할 수 있는 공간이 사라짐으로써 농민의 도시 거주가 현실적으로 불가능했기 때문이다.

    첫째, 1953~1956년 사이 중국 정부가 도시의 주택을 국유화하면서 개인의 주택소유는 점차 불가능해졌다. 국가는 노동국을 통해 도시호구를 가진 사람에게만 직장을 배정하여 완전고용을 보장했고, 취업자에게만 주택을 분배하는 단위제도를 실시했다. 따라서 공식 승인 없이 도시로 이주한 사람들은 주택을 구할 수 없었고, 여관이나 호텔 등 숙박업소에 투숙할 때도 직장단위나 지역 정부가 발급한 여행문서를 제시해야 했다. 둘째, 1953년부터 중국 정부는 일괄구매 일괄판매(統購統銷) 정책이라는 식량의 강제구매 정책을 실시하여 도시의 식량 유통을 통제했다. 1953년 정부는 농촌의 식량을 낮은 국가공시가격으로 강제 수매하여 도시 거주자들에게 저가로 공급했다. 이런 농산품 통제정책은 면화, 기름 등 기타 생필품으로 확대 실시되었다(Cheng 1994, 659). 1953년 11월 시장에서 판매되는 식량이 부족해지자 정부는 식량시장을 폐쇄하고 도시주민에 한하여 식량 배급제를 실시하였다.

    이처럼 도시에서 국가에 의한 주택분배와 식량배급 정책이 정착되자 불법 이주자들은 도시에 거주하려 해도 식량과 주택 문제를 해결할 길이 없었다. 또한 중국 정부는 도시의 배급식량 및 주택이 제한된 상태에서 식량배급제도 및 단위제도를 효과적으로 운영하기 위해 도시인구를 제한하는 호구제도를 강화했다. 배급경제·계획경제를 기초로 한 국가의 강력한 개인 통제 아래서 농민의

---

[8] 1978년 경제개혁 이전 공식적인 호구변경 방법에 관해서는 다음 참조. Wang(2005, 89-95).

자율적인 도시거주는 사실상 불가능해졌고, 호구제도는 개혁 전까지 엄격히 시행될 수 있었다.

3. 호구제도의 역할 및 영향

1) 호구제도의 역할

호구는 식량·주택·의료·교육기회 등의 사회경제적 이익과 연결되었기 때문에 호구제도는 중국사회의 '공간등급 구조'의 중요한 기초가 되었다. 서로 다른 유형의 호구(농업호구, 비농업호구), 다른 지역 호구(도시와 농촌, 대도시와 중소도시 등) 간의 차이는 권리·수입·지위·사회적 명성 등의 등급 차이로 이어졌다. 호구는 시민에게는 특권, 농민에게는 배제의 기능을 했다. 중국 정부는 이런 등급 차이를 유발하는 호구제도를 '사회통제수단'으로 이용했다(陸益龍 2003, 112 ; Cheng and Selden 1994, 644-668).

호구제도의 사회정치적 통제 기능은 일차적으로 전국의 공안국(public security bureaus)과 파출소의 호구담당 경찰(hukou field police)이 수행한다. 파출소에는 1명 혹은 그 이상의 호구담당 경찰이 있으며, 그들 중 몇몇은 등록·정리 보관·조사·기타 관련업무 등을 담당하는 사무공무원이다. 경찰 관할구역의 500~700가구마다 (어느 지역은 2,000가구까지) 공적으로 위임된 한 명의 호구담당 경찰이 그 지역 주민의 호구를 파악할 책임이 있다. 호구담당 경찰은 호구제도를 운영하고 정치질서 및 공공치안을 보호한다는 명목으로 호구정보를 수집, 검증하기 위해 사복형사로 활동한다(Wang 2005, 101).[9]

중국에는 전국적으로 30만 명 이상의 호구담당 경찰이 활동하고 있다. 그들은 관할구역의 주민에 대한 정보를 다음과 같이 8개 범주로 수집 보완한다. 즉 호구 유형에 대한 기본 정보, 정치적 태도와 활동을 포함한 최근의 동향, 가족과 개인의 재정 상황 및 생활수준, 연애관계를 포함한 친구와 친척 관계, 신체 크기와 특징을 포함한 육체적 특이점, 사투리와 비속어 사용, 개인의 성격과 취미, 일상적 교제(association), 다른 중요한 과거활동 등이다(Wang 2005, 101).[10]

중국 호구의 두 가지 기능은 인구이동 금지에 의한 '제도적 배제와 분할', 중점 인구에 대한 관리(Management of Targeted Segment Person)를 기초로 한 '사회정치적 통제'다. 개혁 이후 호구제도의 제도적 배제와 사회적 통제 기능은 약간의 개혁을 거쳤다. 즉 일부 도시 및 지역에서 부유층, 고학력자 및 기술자, 필요한 육체노동자에게 이동을 허용함으로써 호구에 의한 통제를 완화했다. 2001년 소도시의 이농 지표(migration quotas)는 지역별 진입 조건으로 대체되었지만, 호구는 여전히 중국 정부가 농촌에서 도시로의 이동을 통제하는 효과적인 수단이다. 중국의 호구는 인구이동 제한, 모든 거주자에 대한 일상적 관찰, 중점인구에 대한 관리 등 정치·사회적 통제 기능을 해 왔다(Wang 2005, 112, 87).

아래에서는 호구제도의 기능을 분할, 배제, 통제로 구분하여 살펴보자. 첫째, 호구제도의 '분할' 기능을 보면, 중국의 모든 가구는 공식적으로 농업호구나 비농업호구로 등록되어 농민과 시민이라는 두 종류로 분할되었다. 한 개인은 모계(母系)의 호구에 따라 농민과 시민의 자격이 결정되었다. 중국에서 농민은 농촌에 거주하고 촌민위원회(村民委員會)에 소속되어 있는 농업호구 소지자이

---

9 국가가 고용한 이러한 호구 담당경찰 및 공무원은 모두 도시호구(그들이 농촌지역에서 일할 때조차)를 갖는다. 각각의 파출소는 보통 더 많은 수의 경찰보조원을 둔다. 경찰보조원은 국가가 고용하는 것이 아니고, 지역 공동체의 지원으로 파출소가 고용한다. 그러므로 그들은 농촌호구 소지자일 수 있으며, 파출소와 지방정부(township, district)에서 봉급을 받는다(Wang 2005, 101-102).
10 중점인구에 대한 관리는 공안국에서 정기적으로 비밀리에 호구경찰에게 누가 중점인구인지 알려주고 그들을 감시할 것을 요구한다. 중점인구 대상 및 관리방식에 관한 자세한 내용은 다음 참조. Wang(2005, 103-111 ; 2004).

며, 시민은 성진(城鎭)에 거주하고 주민위원회에 소속되어 있는 비농업호구 소지자이다. 비농업인구란 농사에 종사하지 않는 도시 및 농촌에 거주하는 사람들로, 2·3차 산업 종사자와 그 가족 및 인민공사의 행정직원, 인민공사 소속 기업의 관리자였다. 성진의 당 및 국가조직에서 일하는 사람들도 비농업인구로 분류되었다.[11] 이런 호구 구분에 따르면, 농촌의 학교교사, 의사, 간호원 등 국가가 고용한 사람들은 농촌에 거주해도 비농업인구로 분류되었다. 호구제도는 도시인구를 제한하는 '사회통제정책'으로서, 농업호구 소지자는 물론이고 비농업호구 소지자라도 정부의 허가 없이는 다른 지역으로 이동할 수 없었고, 농업호구를 비농업호구로 변경하는 것도 거의 불가능했다.

둘째, 호구제도의 '사회통제' 기능을 보면, 호구는 중국 국민을 세 개의 사회계층으로 구분하는 신분제의 하나로 개인의 사회적 지위를 결정했다. 중앙집권적인 계획경제 아래에서 모든 국민은 행정 권력에 의해 농민·노동자·간부라는 세 가지 사회계층으로 편성되었다. 중국의 신분제는 호구제도, 간부인사제도(幹部人事制度), 노동임용제도(勞動任用制度) 세 가지로 이루어졌다. 즉 호구제도에 의해 농민과 비농민이 구분되었고, 간부인사제도에 의해 간부와 비간부(非幹部)가 결정되었고, 노동임용제도에 의해 전민소유제 직원과 비전민소유제(非全民所有制) 직원이 나뉘었다. 이런 신분제에 의해 간부, 노동자, 농민의 사회적 지위가 결정되었다. 호구신분(戶口身分)은 평등한 자유경쟁에 의해 획득되는 것이 아니라, 정부의 강제적인 행정 권력에 의해 결정되었다.[12] 개혁 전 중국의 호구신분은 평생 거의 변화시키기 힘든 종신신분제로서, 신분에 따라 사회적 지위와 특권의 향유 여부가 결정되었다. 사회자원은 같은 신분 간에는 균등하게 분배되었으나 다른 신분 간에는 불평등하게 분배되었다. 시민과 농민, 간부와

---

11 陳嬰嬰(1995, 128-133), Christiansen(1990, 25) 참조.
12 劉祖雲(1994, 39), 陳嬰嬰(1995, 41) 참조.

비간부는 임금이나 대우 면에서 엄격한 차이가 있었다. 계획경제 아래서 비농업인구, 간부, 전민소유제 직원은 임금이나 사회적 대우 면에서 유리한 위치를 차지했다.

셋째, 호구제도의 '배제' 기능을 보면, 호구제도는 단위제도와 결합하여 사회주의적 복지정책을 실시하는 기초로 '시민권'의 내용을 결정했고, 농민은 이런 혜택에서 '배제'되었다. 이 두 집단 간의 결정적인 차이는 국가와의 관계가 다르다는 것이다. 농업호구를 지닌 농민은 토지를 경작하여 생계를 해결해야 하는 반면, 국가는 비농업호구를 지닌 시민에게는 단위를 통해 시민의 완전고용, 주택, 저렴한 가격의 식량 및 부식품, 자녀교육, 의료혜택, 연금 등의 사회보장을 책임졌다. 이처럼 국가는 시민에게 고비용이 소요되는 사회보장을 제공했기 때문에 재정 부담을 고려하여 도시인구를 엄격히 제한할 수밖에 없었다.[13]

중국 정부는 일괄구매, 일괄판매 정책의 실시로 모든 도시주민에게 고정된 가격으로 양식분배를 약속했다. 이에 따라 호구제도는 자원분배, 특혜제공, 지역에 따른 차별대우 면에서 중요한 역할을 하게 된다. 농촌과 도시 거주자에게 경제적 차별이 가해졌고, 농민은 제도적으로 배제되기 시작했다. 중국에서 호구제도는 사회적 계층화, 자원분배, 수도의 체계적인 조직화, 농업 집단화, 도시주민과 농민의 분리, 사회통제 등 다양한 역할을 했다(Wang 2005, 45).

따라서 호구제도는 거주지 범위를 규제하는 차원을 벗어나 중국 정부가 사회자원을 분배하는 계획경제 운영의 기초였다. 계획경제 아래서 호구는 희소자원을 분배하는 기준으로서, 양식 및 부식품 배급제도, 고용제도, 사회복지제도

---

[13] 사회보장제도와 도시인구 제한 사이의 관계에 관한 자세한 설명은 다음을 참조. Mallee(2000, 85). 단위가 제공했던 다양한 사회복지 혜택을 솔린저는 '도시공공재 레짐'(urban public goods regime)으로 해석한다. 국가는 사회주의사회 실현이라는 목표를 위해 도시공공재를 제공해 왔고, 이를 통해 도시민들이 국가에 의존하도록 했다. 이 레짐은 도시호구 소지자를 위한 사회·경제적 레짐으로, 1995년 단위제도개혁이 시작될 때까지 30년 이상 지속되었다. 이에 관한 자세한 설명은 다음 참조. Solinger (1995, 134).

등과 밀접한 관련을 맺으면서 시민과 농민을 차별하는 '보이지 않는 장벽' 역할을 했다. 호구제도 아래서 시민과 농민에게 서로 다른 기회가 제공되었고, 거주지는 사회·경제적 이익을 결정하는 위계질서를 만들어 냈다. 위계질서의 최하층에는 농민이, 최상층에는 시민이 존재했다. 이런 위계질서는 정부의 강제곡물수매정책과 저곡가정책에 의해 농촌의 잉여가 도시로 이전되면서 더욱 강화되었다.

호구제도는 인구통계를 파악하고 개인의 신분을 확인하는 외에 인구분포를 조절하여 국가이익에 봉사하기 위한 것이었다. 호구의 기능 중 사회 관리를 위한 개인정보 제공은 타국에서도 행해지는 일반적 역할이지만, 그 외 기능은 '중국적 특수성'을 보여준다. 즉 계획경제시기 정부가 정치·경제·문화적 자원을 독점하고 이익분배를 호구와 연계했다. 개인의 호구신분은 호구소재지(상주호구)와 호구 종류(농업, 비농업호구)로 구분된다. 이런 구분에 의해 호구는 개인의 취업, 교육, 사회복지 등 각종 불평등을 결정했다. 비농업호구 소지자만이 국가보조의 식품 및 기타 사회복지 서비스 혜택을 받을 수 있었으므로 도·농 불평등이 확대되었다(柯蘭君·李漢林 主編 2001, 98-99 ; 謝洋 2005).

이상의 고찰을 통해 볼 때, 마오쩌둥 시기 중국 정부는 농민의 이익을 희생시켜 시민의 이익을 우선 보호하는 정책을 실시했다. 중국 정부는 공유제와 계획경제를 기초로 도시주민에게 배급제를 실시함으로써 평등원칙을 실현하려 했고, 이를 통해 도시주민을 정권의 지지기반으로 확보하려 했다. 개혁 전 다른 나라들에 비해 도시주민이 상대적으로 평등하고 안정된 생활을 누릴 수 있었던 것은 정부가 농민의 도시이주를 억제하고, 제한된 시민에게만 국가재정의 많은 부분을 할당한 결과였다. 이런 대도시 중심의 사회주의적 복지정책은 농민과 시민의 불평등이라는 지역 간 불평등의 문제를 안은 채 유지되었다. 따라서 농민은 상대적으로 생활이 안정된 도시노동자가 되기를 꿈꾸었으나, 농민의 오랜 열망은 개혁 이후 시장이 부활되자 비공식적 방법으로만 실현 가능했다.

한편, 호구에 의한 도시-농촌 이원구조는 개혁 이후에는 도시의 통일적 노동력시장 형성을 방해했다. 따라서 시민권(도시호구)을 지닌 시민의 시장과 농업호구를 지닌 농민공 위주의 시장으로 구분되는 이중적 노동력 시장이 형성되었다. 또한 개혁기 중국에서 1992년 베이징을 마지막으로 시민에 대한 식량 배급 제도가 폐지되고, 1998년에는 단위에 의한 복지 주택의 공급이 중단되었다. 그러나 호구를 기준으로 구분하는 도시-농촌의 이원구조는 유지되고 있다.

2) 호구제도의 영향 : 제도적 배제

중국의 호구제도는 강력한 '제도적 배제'(institutional exclusion : 국내 인구이동 제한, 중점인구에 대한 사회적 통제 등) 기능을 했다. 호구에 의해 농촌에서 도시로 이동을 제한했고, 농촌은 제도적으로 배제되었다. 호구제도는 한 개인의 호구가 어디인가(대도시, 중소도시, 농촌 등)에 따라서 사회정치적 위계질서가 유지되도록 조직되었고, 중국인의 기회 및 자원의 불평등한 분배를 결정했다(Wang 2005, 114).

중국 정부는 호구로 농민과 시민을 구분하고 차별적으로 대우했다. 2002년 전국인대 회의에서 농촌인구는 96만 명당 1명의 전국인대 대표를 선출하는 데 비해 도시민은 24만 명당 1명의 대표를 선출하도록 규정했다. 또한 농촌인구는 총인구의 2/3를 차지하지만, 정부의 재정지출 중 농촌인구에 직접 사용되는 비중은 1/7 내지 1/10이다. 이런 공공재정 배분의 불공정 및 제도적 차별은 도농격차를 만들어 낸 요인이다. 농촌인구가 다수지만 농민은 정치적 결정, 재정지출, 국가투자의 분배, 공공서비스 제공 등에서 정책에 영향을 미칠 수 있는 제도적 통로가 없다(胡鞍鋼 2006, 288).

첫째, 제도적 배제의 정치적 영향을 살펴보면 호구제도는 공산당 일당독재

체제 아래서 권위주의 체제를 유지하기 위한 안정된 정치질서 유지에 공헌했으며, 도시 시민이 중국정치를 거의 지배했다. 1990년대 중반까지 도시호구 소지자의 10% 이상이 공산당원이었던 반면, 농업호구 소지자의 2% 미만이 당원이었다. 1960년대부터 중앙 및 지방의 각급 정부 관료는 모두 특권이 보장되는 도시호구였으며, 경찰, 군인들도 도시호구를 소유했다. 고등교육을 받은 사람들이나 정규직 국가 공무원에게도 도시호구를 주었다. 따라서 도시호구 소지자는 대부분 중국에서 특권이 보장되는 엘리트 중국인이었다고 볼 수 있다. 반면 교육수준이 낮고 가난하며 힘없는 농민에게는 농업호구를 주었다. 농민은 중국사회에서 '이등국민'으로서 정부의 승인을 받아야만 도시호구로 변경할 수 있었으나, 그 가능성은 매우 희박했다(Wang 2005, 114-115).

둘째, 제도적 배제의 경제적 영향을 살펴보면 호구제도는 중국의 경제성장에 이중적 영향을 미쳤다. 농민공의 저렴한 노동력은 중국의 경제기적·기술발전에 공헌했으나, 다른 한편 호구로 인한 낮은 노동력 이동은 비효율·비합리성을 초래하기도 했다. 즉 호구제도 아래서 농촌에서 도시로 이동하는 인구가 제한되었고, 이주한 미숙련 노동자(농민공)는 저임금, 장시간 노동을 강요받았다. 농민공은 노동조합과 안정된 법적 지위가 보장되지 않는 상황에서 정치적으로 무력한 집단으로 남게 되었다. 농민공을 제도적으로 배제함으로써 경제발전전략, 이익의 극대화를 위한 자본축적, 투자, 자원할당이 가능해졌다. 호구제도의 배제 및 차별적 속성으로 인해 배제된 농민에 대한 노동착취가 가능했고, 이 덕분에 개혁기 도시는 급속한 자본축적에 유리한 조건을 갖추었다. 호구를 통한 제도적 배제로 미숙련 노동자의 지속적인 공급이 가능해졌고, 이는 경제성장에 공헌했다(Wang 2005, 117-120).

한편, 1990년대 도시주민에 대한 사회복지 투자액은 농촌지역의 약 30배에 달했다. 최저생활 보장비를 보면, 도시호구 소지자 빈민은 인민폐 240위안을 받는 반면, 농촌호구 소지자 빈민은 단지 67위안을 받는다. 이런 농민 배제에 기

〈표 2-1〉 호구제도 아래서 거주지에 따른 수평적 계층화

계급 구분	거주지와 호구 유형 구분	비율(%)
엘리트 계급	대도시 및 성 정부 소재지에 거주하는 도시호구 소지자	6.3
상층 계급	중간급 도시에 거주하는 도시호구 소지자	10.4
중간 계급	소도시나 향진에 거주하는 도시호구 소지자(18.2%) 및 성 정부 소재지 및 대도시 근교에 거주하는 농업호구 소지자(3.4%)	21.6
하층 계급	농촌에 거주하는 농업호구 소지자	70.5

출처 : Wang(2005, 137), 〈표 5-8〉 참조.

초한 이원구조는 체계적인 농촌시장 발전을 억제했고, 이는 농촌의 구매력 증가를 저해하여 중국경제 전체 성장에도 부정적 영향을 미친다(Wang 2005, 125).

셋째, 제도적 배제의 사회적 영향을 보면 중국의 심각한 소득분배 불평등은 경제수준에 따른 수직적 불평등 외에 '공간적 불평등'이라는 중국적 특색을 보인다. 수직적 계층화란 소득·정치권력에 기초한 것으로 다른 사회에서도 일반적인 현상이지만, 중국에서는 거주지에 따른 수평적 혹은 공간적 계층화가 발생하고 있다. 호구제도 아래서 중국의 사회적 계층화는 호구 구분에 따른 지리적 위치의 영향이 크다(Wang 2005, 134-135).

4. 마오쩌둥식 경제발전전략과 호구제도 형성

1956년 이후 계획경제의 틀이 만들어지는 시기에 왜 호구제도가 형성되었는가? 마오쩌둥은 농민의 정부라고 강조했지만 '마오쩌둥식 경제발전전략(Maoist Strategy)은 농민이 인민공사를 이탈하지 못하게 하고 중공업 발전을 위해 농업 잉여를 공업자본으로 이용하는 등 농민에 대한 차별정책을 추진했다.

마오식 발전전략은 농촌 저발전 및 농민 빈곤화라는 농촌문제를 야기했다. 다음 몇 가지 면에서 마오식 경제발전 전략과 호구제도 형성 간의 관계를 살펴보면, 농촌문제가 정부의 제도적 차별의 결과임을 알 수 있다.

첫째, 중공업 육성정책을 추진하는 데 필요한 투자자본을 조달하기 위해 낮은 농산물 가격정책을 실시하여 농업의 잉여를 공업자본으로 전환했다. 이에 따라 도시인구를 제한하고 잉여를 창출하는 농민 노동력을 확대하기 위해 농촌에서 도시로의 인구이동을 금지하는 호구제도를 만들었다.

1950년대 중국의 투자율은 1930년대 5%에서 1950년대 15%로 급상승했다. 이런 투자 증가가 가능했던 배경은 무엇인가? 투자자본은 국유화 조치로 인한 소득재분배·농업과 공업 간의 차별정책에 따라 농촌농업에서 도시공업으로 잉여 이전을 통해 조달되었다. 1950년대 초반 공산품의 농산품에 대한 상대가격은 1930년대에 비해 20% 정도 비쌌다. 인위적으로 낮게 설정된 수매가격으로 농업 잉여를 공업에 이용했다. 이러한 인위적인 협상가격차 유지는 공업부문의 수익성을 보장했고, 공업부문은 국가 조세수입의 주요원천이 되었다. 1957년 공업부문은 조세의 약 50%, 1964년 이후에는 70% 이상을 부담했다(이근·한동훈 2000, 39-40). 이처럼 협상가격차를 이용하여 농촌에서 도시로의 잉여 이전은 당시 중국이 추진하던 중공업 육성정책과도 부합했다. 또한 중공업 우선정책은 투자대비 고용효과가 낮기 때문에 도시 실업률을 낮추기 위해 도시로의 인구유입을 억제하는 호구제도를 만들었다.

둘째, 투자자본을 조달하기 위해 중국 정부는 1957~1970년 사이 낮은 소비율을 유지해야 했다. 그 방법으로 호구제도로 도시화를 억제함으로써 소비수준이 높은 도시의 인구를 20% 이하로 제한하여 전체 소비율 증가를 막았다. 또한 대외적으로 중국사회가 폐쇄되었기 때문에 소위 '전시효과'에 의한 소비성향 자극이 거의 없었던 것도 소비율을 낮추었다. 이런 배경 아래서 중국은 1957~1970년까지 지속적으로 투자율이 증가했다(이근·한동훈 2000, 41-42).

셋째, 마오쩌둥 시기 사회주의 건설을 위해 공유제와 계획경제가 강조되는 대신 시장과 민간경제영역이 사라졌다. 그 결과 도시와 농촌 모두 정부의 엄격한 통제를 받는 공유부문에서 고용이 창출되자 정부의 통제를 벗어난 자유로운 인구이동이 불가능했기 때문에 호구제도를 유지할 수 있었다.

농민이 인민공사를 정부의 허가 없이 떠나 도시로 이동해도 취업할 길이 막혀 있었기 때문에 도시에서 생존할 길이 없었다. 왜냐하면 개혁 이전 도시 일자리는 모두 국유나 집체 부문이며, 정부 노동국은 도시호구 소지자에게만 도시 직업을 배정하는 방식으로 취업을 엄격하게 통제했기 때문이다. 따라서 마오쩌둥식 경제발전전략을 추진했던 1950년대 말부터 개혁이 시작되는 1978년까지 정부의 행정 통제를 벗어난 인구이동이 거의 발생하지 않았고 호구제도를 거의 완벽하게 유지할 수 있었다.

넷째, 1958년 대약진운동과 함께 인민공사화운동을 대대적으로 전개했다. 그 결과 1958년 말에는 전국 농가의 99%가 인민공사에 가입했다. 인민공사는 20개 정도의 고급합작사를 하나로 합쳐 약 5천 호의 농가로 구성했다. 그러나 대약진운동이 실패로 끝나고 인민공사의 규모가 너무 방대하여 통제가 어려워지자, 1961년부터 인민공사 체제를 보완하여 인민공사-생산대대-생산대로 구성된 3급소유제 구조로 개편했다. 이런 3급소유제 구조 아래서 약 30가구로 편성된 생산대는 농업생산에서 생산, 회계, 분배의 기본 채산단위가 되어 하나의 집단농장 역할을 했다. 인민공사 내에서 농민의 생산, 생활방식, 정치학습 등 생활 전반을 직접 관리하는 것은 바로 생산대였다.[14]

이처럼 농촌에서 인민공사-생산대대-생산대로 구성되는 조직으로 농민을 철저히 관리했기 때문에 생산대의 허가 없이는 단 며칠도 다른 지역으로 이동할 수 없을 정도로 농민의 자율성이 사라졌다. 도시에서는 단위제도에 기초하

---

[14] 인민공사에 관한 자세한 내용은 다음 참조. 이덕빈(1989, 316), 김시중(1998, 490-491).

여 배급제도를 운영했기 때문에 정부의 행정 통제를 벗어난 인구이동이 사실상 불가능했다. 특히 도시민에 대한 각종 복지혜택을 제공하는 단위의 부담을 덜기 위해 정부는 도시인구를 제한해야 했다. 계획경제 시기 중국의 농민은 인민공사를, 시민은 단위를 떠나서는 생활할 수 없을 정도로 개인은 국가의 통제조직에 전적으로 의존했다.

5. 덩샤오핑식 경제발전전략과 인구이동

1) 점진적 개혁

덩샤오핑식 경제발전전략(Dengist Strategy)의 특징은 '점진적 개혁'이다. 중국학자 번강(樊綱)에 의하면 "중국의 점진적 개혁의 특징은 먼저 실행한 개혁이 즉각 구체제를 없애지 않고, 구체제를 그대로 둔 채 먼저 신체제를 발전시킨 후 경제구조의 변화에 따라 점차적으로 구체제를 개혁하는 것"을 말한다. 중국은 개혁 초기에는 공유제를 사유제로 개혁하는 '급진적 개혁'(쇼크 요법)을 피하고, 외자기업, 향진기업, 사영기업 등 '비공유경제'(非公有經濟)를 발전시켜 공유제의 문제를 보완하는 방식으로 개혁을 시작했다.

점진적 개혁은 단위에 속한 시민 및 관료들의 기득권을 보호하는 방식으로 추진했다. 1997년까지 국유기업 개혁에서 소유권(재산권) 개혁은 손대지 않은 채, 경영 효율성을 높이기 위해 다양한 조치를 취했다. 그 후 1990년대 비공유제(향진기업, 외자기업, 사영기업 등) 발전이 중국의 고도 경제성장에서 괄목할 만한 효과를 발휘하여 비교우위론, 사유화, 시장화 실험에 성공하자, 1997년부터 국유 및 집체 부문의 소유권개혁에 착수하여 집체 향진기업 및 국유기업의 '재산권 개혁'을 단행했다.

중국식 점진적 개혁의 특징은 '사영기업의 합법화' 과정을 보아도 확인 가능하다. 사영기업은 개혁 초기에는 비합법 상태에서 묵인되다가 1987년 13차 당대회(13大)에서 그 존재가 공식적으로 허용되었고, 1988년 헌법수정에서 '사영경제는 사회주의 공유제 경제의 보충' 부문이라 규정되었다. 더 나아가 1992년 이후에는 사영경제가 중국경제의 중요 구성부분으로 떠올랐고, 1997년 15차 당대회에서 '사영경제가 사회주의 경제의 중요한 구성요소'로 규정되었다. 이런 내용은 1999년 헌법 수정에 반영되었고, 2004년 헌법 수정에서는 '사유재산권의 보호'를 명문화함으로써 사영기업가의 합법적 지위를 강화했다(김시중 2005, 194-195).[15] 또한 2000년대 들어 사영기업가의 정치적 진출로 정책결정과정에 영향을 미칠 수 있는 통로가 만들어졌다. 2007년 3월 전국인대에서 물권법이 통과되어 국유·집체·사영기업이 동등하게 법적으로 보호받게 된 것은 사영기업가가 정치적 역할을 강화하고 정책결정과정에 참여하는 모습을 보여주는 좋은 예다.

덩샤오핑식 경제발전전략의 특징을 정리하면, 공유경제(국유 및 집체 기업)의 문제를 비공유경제(향진기업, 사영기업, 외자기업, 개체호 등)의 발전을 통해 보완함으로써 경제발전을 추진했다. 이런 발전전략은 경제성장에는 성공적이었으나 도농격차, 동부와 중서부 지역 간의 소득차이로 인해 심각한 농촌문제(三農問題)를 유발했다. 농촌문제가 심각해지자 농민은 두 가지로 대응했다. 하나는 농촌에서 대규모 시위를 통해 집단저항을 하는 것이고, 다른 하나는 경작을 포기하고 농촌을 떠나 도시에 취업하는 대규모 인구이동이다.

개혁기 덩샤오핑의 경제발전 전략은 다음과 같은 면에서 농촌문제 및 농민

---

[15] 중국의 사영기업 합법화 및 소유제 개혁에 관한 시기별 특징에 관해서는 다음 참조. 서석흥(2002, 140, 〈표 4-2〉).

이농을 초래했다고 볼 수 있다. 첫째, 동부지역 향진기업의 급속한 발전으로 1985~1995년 사이 신규 고용 창출이 급속히 증가했고, 노동력 수요의 증가로 현지 농민이 대도시로 이동하지 않고 소도시에서 노동자로 일할 수 있게 되었다. 한편, 향진기업이 동부와 중서부 지역에서 불균등하게 발전함에 따라 중서부 지역에서는 현지 농민을 노동자로 흡수하는 데 한계가 있었다. 결국 향진기업 발전이 저조했던 중서부지역 농민은 도시에서 취업하기 위해 공업이 발전한 동부의 도시로 장거리 이동을 선택하게 되었다.

둘째, 단위제도개혁이 지연되면서 개혁기에도 시민은 단위 직원으로서 계획경제 아래서 생겨난 사회복지 혜택 및 종신고용을 보장받았다. 시민은 특권이 보장되는 단위를 떠나 단위 밖의 민간경제영역에 취업하려 하지 않았다. 따라서 새롭게 형성된 사영기업, 외자기업, 자영업에서 필요한 노동력은 도시 밖에서 충원해야 했다. 새롭게 창출된 노동력 시장에 진입한 사람들이 바로 농촌에서 이농한 농민공이다. 인민공사 해체로 가시화된 농촌의 잉여 노동력이 동부 연해지역 및 대도시로 이동하면서, 도시의 민영기업, 외자기업 발전을 위한 저렴하고 풍부한 노동력을 공급해 주었다.

셋째, 민간경제(사영 및 외자기업) 발전으로 소유제별 고용구조가 변화되어 공유제 부문의 고용 비율이 하락하는 대신, 비공유제 부문에서 신규고용이 급증했다. 이처럼 새롭게 형성된 노동력 수요는 농민공이 도시에서 취업할 수 있는 일자리를 제공했다. 한편, 연해도시 중심의 공업화전략은 도시와 농촌의 소득격차 및 내륙과 연해지역 간 소득격차를 확대했다. 급속한 경제발전에도 불구하고 발전의 혜택은 일부 연해도시로 집중되었고, 중서부 농촌은 상대적으로 빈곤해졌다. 이에 따라 빈곤한 중서부 지역 농민이 일자리가 풍부하고 임금수준이 높은 동부지역 도시로 이동하게 되었다.

아래에서는 덩샤오핑 시기 호구제도를 유지하는 조건 아래서 추진된 경제발전전략(향진기업 발전, 지연된 국유기업 개혁, 민간경제 발전으로 소유제별 고용구조

변화 등)이 어떤 면에서 인구이동과 관계가 있는지 좀 더 세부적으로 살펴보자.

2) 향진기업 발전 : 1985~1995년 신규고용 창출

중국은 개혁 이후에도 호구제도에 기초한 농촌-도시로 구분되는 '이중체제'(二元體制)를 유지하려 했다. 그 이유는 도시화로 인한 대규모 인프라 투자, 농촌인구의 급속한 도시유입에 의한 도시의 각종 사회문제를 억제하려 했기 때문이다. 이런 맥락에서 향진기업 발전은 급속한 도시화를 피하면서 농촌산업화를 추진하여 경제발전을 달성하는 효과적인 방법으로 등장했다. 중국 정부는 1980~1990년대 저렴한 노동력을 기반으로 비교우위론에 입각하여 노동집약적인 제조업을 발전시켰다. 특히 향진기업은 노동집약적인 제조업, 서비스업 중심으로 발전했다.

향진기업의 발전은 공업생산액, 조세 납부, 수출 면에서 중국경제발전의 원동력이었다. 중국은 1979년에서 1998년까지 20년간 연평균 실질 GNP 성장률이 9.6%였는데, 1984년 이후 국유기업 개혁이 미진한 상황에서 이런 고도성장은 도시 국유기업이 아니라, 비국유기업 부문, 특히 향진기업이 주도했다. 예컨대 1979~1998년 농업부문, 국유공업부문의 총생산액 성장률은 GNP 성장률 이하였다. 반면 향진기업 총생산액의 성장률은 GNP 성장률의 2.2배로 아주 높았다. 향진기업의 전성기였던 1994년 공업 총생산액에서 향진기업의 공업 생산액의 비중은 44%에 달하여 국유 공업 및 도시 집체공업 생산액의 총합보다 높았다. 1994년 향진기업의 총 조세납부액은 국가 총 조세수입의 31%를 차지했고, 1998년 전국 수출총액에서 향진기업 수출액 비중은 35%라는 높은 수치를 보였다(서석흥 1996/97, 15 ; 2000, 201).

향진기업의 발전은 신규 고용창출로 농촌에서 방대한 잉여 노동력을 흡수하여 농가소득 증대 및 농촌지역 안정에도 기여했다. 즉 1979~1998년까지 20년 간 향진기업은 총 9,710만 명의 신규 노동력을 추가로 고용했다. 이 수치는 이 기간에 증가한 농촌노동자 총수(1억 5,794만 명)의 약 62%를 흡수한 셈이다. 1998년 말 향진기업의 종업원수는 1억 2,537만 명이었고, 고용 절정기인 1978~1996년에 향진기업의 총고용은 1억 7백만 명에 달했다. 중국 전체 고용에서 차지하는 비율을 보면, 1996년 향진기업의 고용은 중국 총취업자의 약 20%, 총 비농업취업자의 약 38%를 차지하였고, 총 농촌노동력의 약 20%를 고용하여 중국의 실업문제 해결에 중요한 역할을 했다(서석흥 2000, 201 ; 김시중 1998, 500). 이처럼 향진기업의 발전으로 신규 고용이 증대되자 농민은 비농업에 취업하기 위해 소도시(小城鎭)로 이동할 수 있게 되었다.

  그러나 1990년대 후반 외자·사영기업의 발전으로 시장경쟁에서 밀린 향진기업의 발전에 제동이 걸리기 시작했다. 특히 중서부 내륙지방에서 향진기업의 적자는 지방 재정문제로 이어졌고, 이는 농민 부담으로 이전되어 농촌문제를 악화시켰다. 예컨대 인민대표 옌비단(嚴必丹)이 인용한 자료를 보면, 1999년 후베이(湖北)성 젠리현(監利縣)의 농민 평균 실제 순수입은 1천 위안 미만으로, 이는 1995년보다 600~800위안이 줄어든 것이다. 몇 년 동안 현급(縣級) 각종 기업의 경영이 위축되어 가동을 중단한 기업이 80% 이상이며, 가동 중인 기업도 적자 경영이다. 현직 노동자 수는 1995년의 30%에 불과하다. 전체 현의 재정적자는 1억 위안 이상으로 현급 재정 가용자금의 2배에 가깝다. 이런 현의 재정적자는 농민이 부담하게 된다. 예컨대 2000년 6월 현 정부가 농민 부담 및 농촌 채무 상황에 대해 조사한 바에 의하면, 전체 현의 농민 부담은 매년 2억 위안 이상 가중되고 있다. 현 이하 단위의 지출 항목 중 70~80%가 농민 부담이다. 중앙이 농민 부담을 줄이라고 지시했지만, 오히려 농민 부담은 늘고 있는 근본적인 이유가 바로 여기에 있다.[16]

3) 지연된 국유기업 개혁 : 농민공의 도시진입 공간 형성

개혁 이전 중국의 사회주의는 '단위 사회주의'(unit socialism)라 불릴 정도로 단위 연구는 중국의 도시사회와 국유기업을 이해하는 데 필수적이었다. 사회주의 중국에서 개인이 단위에 의존하는 이유는 단위제도의 '단위 보장' 때문이다. 단위(單位, 국유기업)는 임금 외에도 종업원의 평생고용(심지어 자녀고용까지), 주택, 의료, 자녀교육, 퇴직 후 연금까지 보장하는 소사회를 형성했다. 따라서 계획경제 시대에 개인이 단위를 떠나는 것은 기본적인 생활보장의 상실을 의미했다. 또한 단위는 개혁 이전부터 단위와 비단위(非單位) 간의 불평등을 유지했다. 단위는 비단위나 농촌 인민공사에 비해 고용안정성, 각종 복지혜택 면에서 시민에게 수준 높은 혜택을 제공했다. 그러나 1990년대 중반 비단위조직이 발전하자 시장경쟁 과정에서 단위의 비효율성 문제가 부각되어 개혁이 불가피해졌다.[17]

중국은 개혁 초기에는 구체제 핵심부문(국유기업)[18]의 본격적 개혁은 유보하고 새로운 시장경제 요소를 도입하는 점진적 개혁방식을 채택했다. 이에 따라 1980~1990년대 향진기업, 사영기업, 외자기업 발전 등 '비국유기업'이 급속한 경제성장을 주도했다. 구체제 아래 국유기업 운영방식은 정부가 할당한 계획지표의 달성을 목표로 하고, 모든 수입을 정부에 상납하고 필요한 지출은 정부에서 할당받는 구조를 유지(統收統支)했기 때문에 경제적 비효율이 만연했다.

---

16 李昌平(2006, 267-269) 참조. 향진기업 발전의 정체로 인한 농촌문제의 악화에 관해서는 다음 참조. 農業部軟科學委員會辦公室(2001, 308-326).
17 이중희(2004, 183-186) 참조.
18 국유기업(全民所有制)이란 생산수단과 생산된 제품 및 그로부터 비롯된 수입이 전 국민에게 귀속되는 기업을 지칭한다. 국유기업은 중앙정부 직속기업과 지방기업으로 구분된다. 중국에서 국유기업은 1992년 말까지 '국영기업'(國營企業)으로 불리다가 1993년부터 '국유기업'(國有企業)으로 공식 명칭이 바뀌었다. 국영기업은 국가가 기업자산의 소유자인 동시에 경영까지 직접 담당한다는 의미를 내포하는 데 비해, 국유기업은 기업자산을 소유하지만 경영은 기업의 자율에 맡기겠다는 의미가 내포된 것으로 해석된다(서석흥 1996/97, 21).

임금은 국유기업의 공장장에서 종업원까지 각급 정부 관리에 상응하는 직급을 부여받고, 격차도 미미한 낮은 고정임금을 지급받았기 때문에 물질적 유인은 거의 없었다(김시중 1999, 189-190).

국유기업의 비효율적 운영을 개선하기 위해 정부는 비국유기업의 시장 진입을 허용, 확대하여 국유와 비국유 경제부문 간의 경쟁을 장화하는 시장화 개혁을 추진했다. 또한 국유기업 개혁은 기존 소유제를 유지한다는 전제 아래 경영효율을 향상시키기 위해 다양한 개혁 조치를 실시했다. 즉 1990년대 초까지 '기업의 경영 자주권을 확대하고, 이익의 일부를 기업에 할당(放權讓利)'하는 일련의 제도를 실시했다(김시중 1999, 190-191).

중국 개혁기 소유제 구조의 전환은 새로운 '비국유기업의 발전'(향진기업, 사영기업, 개체호, 외자기업)과 기존 '국유기업의 소유권 개혁'이라는 두 가지 경로를 통해 이루어졌다. 중국은 1992년 14차 당 대회에서 '사회주의 시장경제'를 발표할 때까지 기존 국유기업의 재산권에 변화를 가져오는 소유제 개혁은 거의 실시하지 않은 채, 국유기업의 경영 효율성을 높이기 위한 경영방식 개혁만을 추진했다. 국유기업의 소유권 개혁은 1994년 14기 5중 전회에서 "큰 것은 잡고 작은 것은 놓는다"(抓大放小)는 방침을 처음 제기했다. 국유기업 개혁방식은 완전한 주식회사화나 민간 매각을 통한 사영기업으로의 전환이 아니라, 주로 기업 직공에게 주식을 균등 분배하는 '주식합작제'였다. 그 후 1997년 제15차 중국공산당 전국대표대회(15大)에서 국유기업의 '재산권 개혁'을 본격적으로 선포했다(서석흥 2002, 153, 155-156).

한편 단위제도개혁의 지연으로 단위 밖에서 농민공 고용이 증가했고, 이는 거꾸로 단위제도개혁에 다양한 압력으로 작용했다. 단위 밖(사영기업, 외자기업)에서 농민공을 임시공으로 고용하는 추세가 확산되면서 다음 세 가지 면에서 단위제도를 해체하는 압력으로 작용했다.

첫째, 농민공은 저렴한 노동력을 비단위조직에 제공함으로써 단위 밖에서 사영기업, 외자기업의 시장경쟁력을 강화했고, 이런 기업의 경제영역이 팽창되자 단위제도개혁의 외적 압력으로 작용했다.

둘째, 농민공은 단위 내부에서 단위를 변화시키는 요인이 되었다. 국유기업은 개혁 초기에는 농민공을 고용하지 못했으나 1990년대 들어 시장에서 사영기업 및 외자기업과의 경쟁에 직면하자 노동력이 저렴한 농민공을 임시공으로 고용하기 시작했다. 국유기업은 농민공에게 각종 복지혜택을 제공하지 않았고, 불필요한 경우 해고할 수 있으며, 장시간 노동을 수용한다는 점에서 농민공 고용은 매력적이었다. 단위조직의 구성원이 된 임시공은 기존 정규직공의 고용안정성, 복지혜택을 끌어내리는 효과를 발휘하여 단위체제를 해체하는 작용을 했다. 한 예로 단위는 생산비 절감을 통한 경영효율성 향상을 위해 각종 이유를 들어 정규직원을 면직(下崗)시키고 농민공을 임시공으로 고용했다.[19]

셋째, 비단위가 임시공 고용으로 시장경쟁력을 강화하자 단위 역시 노동계약제 실시가 불가피했다는 점에서, 농민공은 단위의 고용제도개혁에도 영향을 미쳤다고 볼 수 있다. 개혁기 단위가 국가로부터 점차 독립되고 시장논리에 따르는 지표 중 하나는 '노동력의 시장화'이다. 노동계약제의 실시는 노동력 시장화의 단적인 예이고, 이는 단위제도의 약화로 이어진다.

1992년 제14차 중국공산당 전국대표대회(14大)에서 '사회주의 시장경제'가 선언된 후 비단위조직의 급속한 발전으로 단위와 비단위 간의 시장경쟁이 격화되자 단위는 내부개혁을 단행했다. 그 결과 단위는 종신고용 보장에 따른 경제적 부담을 줄이고 유연한 노동시장을 발전시키기 위해 노동계약제를 실시했다.[20] 과거 단위제도에서 임금, 고용안정성, 복지 면에서 균등한 직공이 존재했

---

[19] 이중희(2004, 191-192) 참조.
[20] 1990년대 말 중국 주요도시 단위의 노동계약제 실시 현황에 관해서는 다음 참조. 王奮宇·李路路(2001, 73).

던 반면, 노동계약제 실시 이후 비정규직(임시공), 정규직의 불평등한 이중구조가 형성되었다. 호구제도로 형성된 도시-농촌 이원구조의 유지는 도시 노동시장을 분할함으로써 시장의 효율적인 작동을 방해하는 요소가 되었다.

4) 민간경제 발전 : 단위 밖에서 고용창출 증가

1990년대 후반 도시의 높은 실업률에도 불구하고 농민공이 도시에서 취업할 수 있었던 이유는 무엇인가? 개혁기 민간경제(사영 및 외자기업) 발전으로 농민공의 도시취업이 가능한 새로운 공간이 형성되었다. 1998년 주룽지 총리가 등장한 후 국유기업 구조조정이 가속화되면서 국유부문의 고용이 절대적으로 급감하고 도시 시민의 실업률이 높아졌다. 반면 도시 사영기업과 자영업(개체호)을 중심으로 한 도시 비공식 부문의 고용 비중이 고도성장과 함께 급속히 향상되었고 신규고용 창출이 활발히 이루어졌다. 1990년대 후반 도시에서 농민공이 급증할 수 있었던 배경은 비공식 부문에서 농민공 신규고용이 증가했기 때문이다. 이 시기 중국 대도시에서 시민은 국유부문에서 해고된 반면, 농민공은 비공식 부문에서 고용이 증가했다.

1978년 고용 상황은 개혁 이전 취업자의 소유제별 분포를 대표적으로 보여준다. 1978년 전체 취업자 4억 2백만 명 중 76%가 농촌에서, 24%가 도시에서 취업했다. 농촌 취업자 76% 중 68%는 인민공사(집단농장)에 소속되어 있었고, 6%는 사대기업, 2%는 농촌의 기타 비농업 부문에 고용되었다. 도시취업자는 국유부문이 총 취업자의 19%, 집체부문이 5%를 흡수함으로써 도시에서 공유부문이 도시취업자의 전체인 24%를 고용했다. 따라서 도시에서 국가 노동국의 통제 아래 놓인 국유 및 집체 이외의 고용은 거의 없었다고 볼 수 있다(김시중 2005, 199).

그러나 1990년대 초 노동력 시장에도 '노동력 국가 분배에서 노동시장 형성으로' 라는 변화가 나타났다. 모든 도시 노동력에게 국가가 일자리를 분배해 주는 제도는 1990년대 초 기본적으로 폐지되었고, 1990년대 중반부터는 대학 졸업자에 대해서도 시장을 통해 구직과 구인이 이루어지는 노동시장이 형성되었다. 신규 종업원에 대한 노동계약제가 1990년대 초 확산된 후 노동시장의 유연성이 증대되었다(Cai 2004, 204-210).

개혁기 노동계약제 실시 등 급속한 시장화[21] · 사유화의 결과 2002년에는 국유부문의 고용이 급감하여 총 취업자의 9.8%로 하락했으며(1978년 19%), 국유기업에서 전환된 '회사'(公司) 및 도시 집체기업이 각각 2%를 고용하여, 도시 공유(국유 및 집체)부문의 고용은 약 14%에 그쳤다. 반면 도시에서 새로 형성된 민간경제(非公有 : 사영기업, 개체호) 영역에서 16%의 고용창출이 발생했다. 즉 사영기업의 고용비중은 총 취업자의 6%, 개체호는 10%로 증가하여, 개혁 이후 신규고용이 민간경제부문에서 16% 창출되었다(김시중 2005, 199). 이처럼 도시 민간경제 부문의 고용창출은 정부의 통제 밖에서 민간기업이 고용하는 노동력의 증가를 가져왔고, 이는 비공식적으로 도시에서 취업하려는 농민공에게 새로운 취업의 문을 열었다.

1992년 이후 도시의 사영기업 및 외자기업의 발전 추세를 보아도 민간경제 영역의 발전이 인구이동과 밀접한 관계가 있음을 알 수 있다. 사영기업은 초기에는 도시보다 농촌지역에서 먼저 발달하여 1987~1988년까지 80%의 기업이 농촌에 위치하였다. 그런데 1992년 하반기부터 도시 사영기업의 발전 속도가 농촌을 앞지르기 시작하여, 2000년에는 전체 사영기업의 61%가 도시지역에,

---

[21] 1992년 14대에서 '사회주의 시장경제' 방침을 정한 후 중국경제에서 계획의 비중이 축소되고 시장화가 급진전되었다. 이런 시장화 확산에 따라 2001년에는 소비재의 95% 이상, 농부산품 94%, 생산재 88%가 시장에서 가격이 결정되고 거래되는 등 거의 모든 재화와 서비스가 시장을 통해 배분되었다(Lard 2002, 25).

39%가 농촌지역에 위치하는 것으로 바뀌었다. 사영기업의 업종을 보면, 39%의 기업이 2차 산업에, 58%의 기업이 3차 산업에 종사하는 등 신규 고용창출이 높은 업종에 집중되어 있다(서석흥 2002, 165-166). 외자기업도 1992년 이후 급증하기 시작했다. 외자기업 업종을 보면, 2000년 제조업이 70%로서 압도적으로 많고, 지역적으로는 광둥성(24.5%)을 비롯한 동부 연해 11개 성-시에 전체의 81%가 집중되어 있다(서석흥 2002, 173-174). 이처럼 도시에서 민간경제의 급속한 발전으로 신규고용이 급증하자 농민공의 도시취업 기회가 증가했고, 이는 대규모 인구이동으로 이어졌다.

6. 호구제도와 농촌문제

호구제도는 사회적 통제수단으로 출발하여 사회·경제적 배제로 발전했고, 1960년대 초가 되면 좀 더 포괄적이고 엄격한 제도적 배제로 변화했다. 호구제도는 국내 인구이동의 권리를 제한, 박탈함으로써 정치적 안정을 유지했으나, 다른 한편 사회적 계층화, 농촌-도시 이분화, 지역 간 경제적 불평등을 유발했다(Wang 2005, 46).

농촌 빈곤의 원인은 농민에 대한 중국 정부의 불평등한 대우 때문이다. 예컨대 시민은 월수입이 일정 수준 이상 되어야 개인소득세를 부과하지만, 농민은 농사를 짓다가 손해를 입어도 각종 세금과 잡부금, 인두세를 내야 한다. 시민 노동자는 실업 후 실업기금을 받지만, 농민은 실업자가 되어도 세금을 내야 한다. 농민은 시민에 비해 높은 대출 이자를 내야 돈을 빌릴 수 있고, 그해에 상환해야 한다. 도시의 기초시설(상하수도, 전기, 도로 등)은 국가에서 건설하지만, 농촌의 모든 기초시설은 농민 손으로 건설해야 한다(李昌平 2006, 281-282).[22]

호구제도에 기초한 도시-농촌 분할로 농촌의 빈곤화는 심각해졌고, 급기야 후진타오 정부의 초미의 관심사가 되었다. 2005년 10월 발표된 〈11차 5개년 계획 건의안〉(11·5규획)에서 경제성장과 사회 안정을 동시에 추구하는 후진타오 정부의 정책방향이 제시되었다. 이 건의안에서 주목할 만한 점은 조화로운 사회건설 강화, 도시-농촌의 공동발전, 현대적인 농업건설, 농촌 개혁의 전면적인 심화, 농민수입 증대 등 농촌문제 해결의 중요성을 강조한 점이다.23 그동안 경제성장의 그늘에 가려 숨겨졌던 '농촌문제'가 정책결정에서 관심사로 떠올랐음을 보여준다.

개혁기 중국의 삼농(三農 : 농촌, 농민, 농업)문제의 심각성을 알리고 중앙정부 차원에서 정책적 관심을 갖도록 하는 계기를 만든 것은 후베이성 젠리현 치판향(旗盤鄕) 당위원회 서기 리창핑(李昌平)이다. 중국의 한 지방간부였던 리창핑이 2000년 8월 국무원에 보낸 서신이 공개되었다. 이 편지에서 그는 중국 농촌이 당면한 문제를 호소했는데, 즉 "현재 농민은 정말 어렵고 농촌은 매우 빈궁하며 농업은 실로 위험에 처해 있다"(現在農民眞苦, 農村眞窮, 農業眞危險)는 표현은 이후 중국의 삼농문제를 대표하는 말이 되었다(이일영 2005, 239).

리창핑에 의하면, 이 지역 농민의 80%가 농사를 지어 손해를 보았기 때문에 아무도 농사를 지으려 하지 않았고, 부담은 결국 농민에게 부과되었다. 1인당 부담이 인민폐 500위안을 초과하는 마을도 있었으며, 농민은 경작을 하든 말든 모두 인두세, 택지비, 자류지세(自留地稅) 등을 납부해야 했다. 교육비 역시 개인 부담으로 초등학생은 매년 600위안 이상, 중학생은 매년 1,200위안 이상을 부담해야 했다(리창핑 2006, 261-262).24

---

22 중국 농촌문제의 심각성을 고발하는 삼농 문제 실태 보고에 관해서는 다음을 참조. 張桂棣(2006).
23 "11차 5개년 계획 건의안"의 주요내용은 다음 참조. "中共中央關於制定國民經濟和社會發展第十一個五年規劃的建議(2005.10.11. 16기 5중 전회 통과)," 지만수(2005).
24 2006년 6월 전국인대 상임위원회가 수정한 〈의무교육법〉을 통과시켰다. 그럼에도 불구하고 중국

이런 부담을 피하는 유일한 방법은 농민이 농촌을 떠나 도시로 도망가는 것이다. 허우왕촌(候王村)은 2000년 초 노동력의 90%가 외지로 품팔이를 나갔다. 2000년대 초 농민의 도시취업은 새로운 특징을 보인다. 첫째, 1990년대에는 목적지가 있는 이동이었던 반면, 2000년대는 무조건 나간다는 것(盲流)이다. 둘째, 이전에는 젊은 여자와 일부 잉여 노동력만 외지로 나간 데 반해 지금은 남녀노소 모두 나간다. 셋째, 이전에는 경작지를 타인에게 빌려주고 떠났지만, 지금은 농지를 경작할 농민이 없어 경작하지 않는 농지가 많다. 2000년 전체 향에서 경작을 포기한 면적은 총 경지면적의 65%에 이른다(리창핑 2006, 262-263).[25]

이처럼 농민이 농촌을 이탈하는 이유는 도농격차가 1985년 이후 계속 확대되었기 때문이다. 예컨대 1985년 농민과 시민의 1인당 생활소비 지출은 1 : 2.12였으나, 2003년에는 1 : 3.35로 확대되었다. 도농 간 소득격차는 1985년 1.7배에서 2004년 3.2배로 더욱 확대되었다. 중국은 지난 20여 년 동안 산업화 과정에서 고도성장했지만 농민은 그 혜택에서 제외되었고, 심지어 상대적인 생활수준은 하락한 셈이다.[26]

농촌 내에서도 내륙과 연해 농촌의 지역격차가 확대되고 있다. 2001년 농가 1인당 년 수입은 상하이, 베이징, 저장성이 각각 5,274위안, 4,060위안, 3,941위안이었다. 이런 연해 발달지역 농가의 1인당 년 수입은 내륙의 빈곤한 성에 속하는 간쑤(甘肅)성의 757위안과 비교해 보면, 각각 7.3배, 5.6배, 5.5배에 달한다

의 교육은 많은 문제를 안고 있다. 중국 교육의 다양한 문제에 관한 조사 보고는 다음을 참조. 楊東平(2006, 147-159).

[25] 한편 이런 농민의 도시취업은 농가 수입을 높여 농촌문제를 해결하는 한 방법이기도 하다. 즉 2000년 7월 베이징시 농민공을 대상으로 한 조사에 의하면, 농민공 중 25%는 고향으로 송금하지 않고, 75%는 고향으로 송금하며, 송금하는 농민공 중 수입의 40% 이상을 송금하는 사람이 50%였다. 농가 총수입의 50% 이상을 농민공 송금에 의존하는 농가는 46%였고, 농민공 송금이 농가 수입의 80% 이상을 차지하는 농가가 22%였다. 이를 통해 볼 때 농민공의 송금은 도농 간 소득격차 해소에 도움이 되며, 이로 인해 농촌 내에서 농가 간의 소득격차가 발생하기도 한다(李强 2004, 185, 203).

[26] 중국의 도농격차에 관해서는 다음 참조. 陸學禮(2004, 176-177), KOTRA(2006, 32-33).

(呂世平 外 2003, 158).

    농민이 경작을 포기하고 무작정 농촌을 떠나는 또 다른 이유는 농촌의 각종 세금 및 잡비 부담이 무겁기 때문이다. 빈곤한 지역의 향급(鄕級) 정부의 재정 적자가 농민 부담으로 전가되고 있다. 예컨대 후베이성 치판향에는 향 재정 부담 인원이 361명인데, 그중 교사가 165명, 향 정부의 행정관리 인원이 64명이다. 치판향은 임금과 사업비 지출로 매년 300만 위안이 필요한데, 향 재정은 155.5만 위안으로 임금 지급도 못한다. 부족한 향 재정을 메우기 위한 방법은 농민에게 각종 부담금 징수 및 고리대를 빌려 쓰는 것이다(리창핑 2006, 264-266).

    개혁기 지방정부 행정 간부의 급속한 증가는 농민 부담을 가중시키는 요인이다. 1986년 치판향 행정 간부는 15명 이하였고, 재정 및 세무 간부는 3명에 불과했으며, 공상기관 및 사법기관은 없었고, 파출소에는 2명이 일했다. 그때는 공금을 먹는 사람이 적어 농민의 부담이 가벼웠다. 그런데 2000년 초 치판향의 간부와 교사, 치판 소속으로 외지에서 업무를 보는 간부를 합치면 약 2천여 명으로 간부가 증가했다. 지방정부의 재정독립 후 현 직속 단위가 임명하고, 향진 정부가 '봉급을 지급하는' 체제에서 지방정부 고위층 간부의 친인척을 간부로 임명하는 사례가 급증했다. 심지어 근무하지 않으면서 이름만 올려놓고 봉급만 챙기는 간부도 상당수 있다.[27]

    이처럼 농민에게 심각한 부담을 부과하는 지방정부의 재정적자는 세제 개편과도 관계가 있다. 1990년대 중반 분세제(分稅制)를 실시한 후 중앙에서 지방까지 각급 재정은 독립적으로 운영되었다. 청부제에 의하면 각급 정부가 "자주 경영을 하고, 손실과 수익을 스스로 책임지고, 통제하고, 발전한다"는 것이다. 계획경제에서는 예산과 결산은 위로부터 통제를 받았지만, 현재 각급 정부의 재무문제는 위에서도 개입할 수 없으며 누구도 관여할 수 없다. 독립재정을 실

---

[27] 이에 관한 자세한 소개는 다음 참조. 리창핑(2006, 273-274).

시하면서 심사도 받지 않고 재무를 공개하지도 않은 결과 심각한 재정 문제에 직면해 있다. 또한 각급 정부가 독립재정을 한 후 양호한 세원(향진기업)은 모두 현 이상의 정부가 가져가고, 향의 재정수입은 전적으로 농민에게 의존하게 되었다(리창핑 2006, 270-271).[28]

한편 교육의 산업화로 인해 가난한 농민 자녀들이 교육을 통해 계층이동을 할 수 있는 사다리마저 내려지고 있다. 1999년 고교 및 대학의 학비 인상은 '타협 여지가 없는' 사실이 되었다. 경제가 낙후된 산시성(山西省)의 좋은 고등학교의 1년 등록금이 1,600위안, 가장 나쁜 학교도 1년에 800위안이 든다. 대학의 경우 청두(成都)시에서 가장 저렴한 대학도 등록금, 잡비, 책값을 합치면 1년에 4,500위안에서 7,000위안까지 필요하다. 이런 상황은 정상적인 납부금이고, 고교 및 대학 모두 '계획 내 학생모집'과 '정원 외 모집'을 했다. 정원 외 모집으로 고교를 다니려면 산시성 기준으로 1년에 1만 위안의 학비를 내야 한다. 대학의 '정원 외 모집'은 일시불로 3~5만 위안 혹은 10만 위안을 내야 한다. 대학입학 점수가 모자라면 수만 위안을 내고 입학증을 살 수 있고, 인기학과에 입학하기 위해 '찬조금'을 내기도 하는 것이 중국의 현실이다. 대학 학비 인상 전인 1998년 쓰촨(四川)성의 대학 학비와 잡비는 전공에 따라 1년에 1,700~4,000위안으로 지역주민 연평균 소득의 40~85%를 차지했다. 인상 후 학비와 잡비는 적어도 1년에 5천 위안에서 7~8천 위안으로 농촌인구 1인당 연평균 소득의 250~300%를 차지한다(샤오쉐후이 2006, 323-327).[29] 이런 교육의 상품화는 "돈이 없으면 교육을 받지 말라"는 것으로 경제 불평등을 확대시키는 요인이 되고 있다.

호구에 의한 제도적 차별(institutional discrimination)은 대학입학에도 적용되

---

[28] 이처럼 기층에서 지방 재정의 적자를 농민에게 전가하는 것은 농민의 빈곤을 악화시킨다. 한 예로 중국 농민 중 빈곤선에서 벗어났던 농촌인구가 다시 빈곤인구가 되는 비율이 30% 정도인 것으로 조사되고 있다(劉斌 外 2004, 2-4).
[29] 서부 빈곤지역의 교육문제에 관한 조사 보고는 다음 참조. 趙延東 外(2006, 81-82).

었다. 명문대학 입학 커트라인이 지역 출신에 따라 점수 차이가 있다. 즉 베이징 소재 명문대학의 경우 베이징 호구 소지자는 가산점을 주기 때문에 외지인보다 낮은 점수인 경우에도 합격할 수 있다(Wang 2005, 143).[30]

---

[30] 호구에 의한 차별은 죽은 후에도 이어진다. 예컨대 2006년 중국에서 각종 사망사고 피해 배상액이 피해자의 호구에 따라 크게 다른 실태를 일컫는 '동명부동가'(同命不同價) 현상에 대한 비난 여론이 고조되었다. 도시에 호구를 둔 두 소녀의 유족들은 20만 위안이 넘는 돈을 받은 데 비해, 농촌에 호구를 둔 유족들에 지급된 배상액은 1/4 수준인 5만 8천 위안에 그쳤다. 한 전국인대 대표는 이런 규정은 모든 인민이 법 앞에서 평등하다는 헌법정신에 어긋난 것이며 농촌 출신을 차별대우한 것이라고 지적했다. "中 호적 따라 '목숨값' 달라 …… 비난 여론 확산"(『동아일보』 06/03/13).

제3장
개혁기 인구이동과 1980~1990년대 호구관리정책

1. 서론

개혁기 중국에서 인구이동을 금지하는 호구제도에도 불구하고 인구이동이 시작됐다. 개혁기의 급속한 경제발전 및 산업화는 그동안 인구이동을 금지해 온 호구제도로 인하여 억제되었던 도시화를 촉진하는 배경이 되었다. 1978년에 농업 노동력이 71%였으나 2004년에는 47%로 하락했다. 중국의 도시화율은 1949년 11%, 1978년 18%로 낮았으나, 개혁 이후 급속히 증가하여 2004년에는 도시화율이 42%로 상승했다(國務院硏究室課題組 2006, 89-90).[1] 도시인구 증가의 주요요인 중 하나는 인구이동으로 도시에서 일하는 인구가 늘어난 것이다.

이 장에서는 첫째, 개혁기 중국 정부의 행정 통제를 벗어난 '비공식적 인구이동'이라는 새로운 사회변화를 다음 문제의식을 중심으로 살펴본다. 농민공의 이동 방향은 중국의 경제발전전략과 어떤 관계가 있는가? 인구이동을 주도해

---

[1] 2000년 5차 인구센서스에 의하면, 도시인구는 36%, 농촌인구는 64%였다. 2000년 통계의 도시인구 비율에는 비공식적으로 도시에 반년 이상 거주한 유동인구(流動人口)가 포함되었다. "第五次全國人口普查主要數據公報(第一号)," 中新社, 2001년 3월 29일. 중국의 도시화와 인구이동의 특징에 관해서는 다음 참조. 劉懷廉(2005, 82-93).

온 '농민공'은 어떤 특징을 지닌 사회집단이며, 다른 나라의 도시화 과정에서 발생하는 이농민과 비교할 때 어떤 면에서 중국적 특수성을 보이는가? 농민공의 연령, 학력, 이농 연결망, 직업 등에 관한 조사를 기초로 농민공의 사회·경제적 지위의 특징을 알아본다.

둘째, 사회주의적 특징이 반영된 호구제도와 시장경제의 확산으로 나타나는 사회변화와의 충돌을 중국 정부가 어떤 방식으로 해결해 왔는지 살펴본다. 성 내 인구이동 위주였던 1980년대 호구정책과 성 외 인구이동 위주였던 1990년대의 호구정책을 비교함으로써, 점진적인 제도개혁을 통해 사회변화를 수용해 가는 중국 정부 개혁의 특징을 보여줄 것이다.

구소련이나 동구는 '쇼크 요법'을 통해 산업화·도시화에 적합하게 사회주의 유산을 급속하게 폐지했다. 반면 중국은 쇼크 요법을 선택하지 않고, '점진적 개혁'의 원칙 아래 사회주의 유산(호구제도)을 유지하는 조건에서 제도와 시장이 충돌하는 부분만을 수정하며 인구이동이라는 사회변화에 대응하면서 대도시로의 인구집중을 관리해 왔다.

2. 농민공 개념

개혁기 중국에서 인구이동에 참여한 사람들을 지칭하는 표현으로 농민공, 민공(民工), 민공조(民工潮), 유동인구, 외래인구(外來人口), 외지인(外地人), 임시거주인구(暫住人口) 등 다양한 표현이 명확한 구별 없이 혼용되고 있다. 이 책에서는 이런 다양한 표현 중 '농민공' 개념을 사용하려 한다. 농민공이란 농업호구 소지자로서 호적 소재지(戶籍地)인 농촌을 떠나 도시 및 연해지역의 노동력 수요가 높은 지역에 비공식적으로 거주하며 주로 비농업에 종사하는 이농민을 가

리킨다. 1980년대 말까지 농민이 맹목적으로 도시로 이동한다는 의미에서 이들을 '맹류'(盲流)라고 지칭했으나, 1990년대에는 이농민이 도시의 중요한 노동력 집단을 형성하자 '농민공' 혹은 '민공'이라는 용어를 주로 사용하기 시작했다. 유동인구, 외래인구, 외지인 개념은 농민공보다 포괄적인 개념으로 이농민 외에도 외지에서 도시로 진입한 '이주자 전체'를 통칭한다.[2]

농민공은 호적 신분은 여전히 '농민'으로서 토지를 장기임대하고 있지만, 도시에서 비농업에 종사하며 임금이 주요 수입원인 노동자를 지칭한다. 협의로 농민공이란 출신지 성을 벗어나 다른 성 도시에 취업한 사람들을 지칭하며, 광의로는 다른 성 도시로 이농한 사람들과 출신지 현(縣)이나 향진(鄕鎭)에서 비농업(2·3차 산업)에 종사하는 사람들을 의미한다. 농민공의 타성(他省) 취업은 1980~1995년까지는 느리게 증가했으나, 1995년 이후 중국경제가 고도로 성장하면서 급속히 증가하고 있다(朱信凱·陶煥穎 2006, 114).

한편 개혁기 중국의 도시인구 구성에 대한 이해를 돕기 위해 상주인구, 유동인구, 도시인구 개념을 살펴보면 다음과 같다. 중국의 상주인구(常住人口)는 현지 호구 인구 및 호적은 현지에 없지만 현지에서 일정기간 이상 거주한 인구를 포함한다. 그러면 어느 정도 이상을 거주해야 상주인구로 보는가? 1990년 인구조사에서는 1년 이상 거주하면 상주인구로 보았고, 1995년과 2000년 인구조

---

[2] 농민공 개념에 관한 자세한 내용은 다음 참조. 江流·陸學藝 主編(1995),이민자(2001, 18), 정종호 (2002, 255-257, 116). 베이징시 노동국 문건에 의하면, 농민공을 외지래경무공경상인원(外地來京務工 經商人員 : 약칭 務工經商人員)이라고도 한다. 무공경상인원(務工經商人員)이란 본시(本市) 상주호 구가 없는 상태에서 임시로 본시(本市)에 거주하면서 노동, 상업, 서비스업 등에 종사하여 임금수입이나 상업수입을 얻는 외지인을 지칭한다. 외지인이지만 공식적 임용을 통해 북경에 와서 과학기술, 문교, 상업 및 무역 등에 종사하는 전문인은 이에 해당되지 않는다. "北京市外地來京務工經商人員管理條例(1997. 6),"北京市勞動局 編, 外地進京務工人員必讀(北京 : 地震出版社, 1999), p. 4. 이 책에서는 인구이동 조사 자료의 원문 표현을 살리기 위해 간혹 '유동인구' '외래인구'와 '농민공'을 거의 비슷하게 사용하는 경우가 있다. 유동인구, 외래인구의 절대부분이 농민공임을 고려할 때 큰 문제는 없다고 본다.

사에서는 '반년 이상 거주한 경우' 상주인구로 보았다. 이런 상주인구 개념에 근거하면, '유동인구' 중에서 호적이 현지에 없으나, 1년 혹은 반년 이상 거주한 인구는 상주인구이며, 반년 혹은 1년 미만 거주자는 '임시거주인구'로 볼 수 있다 (柯蘭君·李漢林 主編 2001, 177-178).

그러면 상주인구에 포함된 유동인구는 '도시인구'인가? '농촌인구'인가? 상주인구와 도시인구 개념에 의하면, 상주인구의 장기 거주지는 도시이므로 도시인구에 속한다. 단 '임시거주인구'는 도시인구가 아니다. 그러나 호구제도에 의하면, 호구소재지가 도시인 경우에만 도시인구이므로, 위의 도시인구 개념과 충돌하게 된다. 즉 호구제도에 기초하여 국가가 정의하는 도시인구는 호구등록지가 도시인 인구만을 의미하므로, 유동인구는 장기간 도시에 상주해도 '도시인구'가 아니기 때문이다. 따라서 도시에 반년 이상 거주한 도시호구가 없는 인구는 도시상주인구 중의 유동인구에 속하며 사실상 '도시인구'지만, 현행 호구제도에서는 도시인구로 볼 수 없다. 중국 정부는 인구조사의 상주인구 개념과 호구제도의 상주인구 개념의 혼동을 피하기 위해 2005년 인구 조사에서는 '상주인구' 개념을 사용하지 않았다.[3]

3. 인구이동 현황 및 농민공의 특징

농민공은 중국의 공업화·도시화에서 새롭게 형성된 사회집단으로 경제발전 및 현대화 건설의 핵심세력이라 볼 수 있다. 1984~1994년, 1995~2005년 10

---

[3] 베이징사회과학원, 베이징시 호구관리 연구자와의 인터뷰, 2006년 7월 3일.

년간 중국의 농민 이농 추세를 비교해 보면 농민공 유입지의 변화를 발견할 수 있다. 농촌에서 향진기업 발전이 활발했던 1984~1994년 농민은 비농업에 종사하기 위해 외지로 나가지 않고, 현지 향진기업에 취업하는 추세였다(離土不離鄕). 따라서 대부분 농민 이농은 성 내 이동이었다. 그러나 1990년대 중반부터 도시에서 민간기업 발전이 활발해지자 농민은 출신 성을 벗어나 타성 도시로 나가 비농업에 종사하는 비율이 급증하기 시작했다(離土又離鄕). 따라서 농민공은 토지를 떠나 비농업에 종사하지만 농촌을 떠나지 않는 농민공이 있고, 토지와 고향을 떠나 도시에서 공업과 서비스업에 종사하는 농민공으로 구분되었다(李强 1993, 98).[4]

인구이동의 시기별 양적 변화를 살펴보면 이런 흐름의 변화를 잘 확인할 수 있다. 1994년 중국사회과학원, 국무원의 발표에 의하면, 중국의 유동인구는 약 8천만 명이며, 그중 농촌을 떠나서 대도시로 이동하는 농민공을 2천만 명으로 추정했다.[5] 또한 노동부 "민공조 조사연구"(民工潮調査研究) 팀이 1994년 5월 11개 성과 자치구(自治區)의 75개 촌(村)을 대상으로 조사한 바에 의하면, 다른 성으로 이동한 농촌 노동력이 전체 유동인구의 36%(약 2천 500~2천 900만 명)를 차지하는 것으로 추정했다(劉豪興 1995, 286). 조사자료를 총괄해 보면, 1994년까지는 중국 내 유동인구는 약 8천만 명이지만, 그중 내륙 농촌에서 성을 넘어 연해 공업도시로 이동하는 유동인구(농민공)는 약 2~3천만 명에 지나지 않았음을 알 수 있다.[6]

---

4 농민이농 원인에 대한 분석은 다음 참조. 王春光(2003, 196-205).
5 농민공 수에 관한 통계자료는 조사기관마다 약간의 차이를 보이고 있다. 각 조사기관의 농민공 수 추정은 다음을 참조. 崔派(1995), 潘盛洲(1994), 曉京(1995).
6 "農村剩餘勞力流向何方," 『農民日報』(95/09/22), "全國流動人口約八千萬," 『人民日報』(95/07/10, 海外版), 于蜀·張茂林(1998, 55). 2000년 유동인구는 약 1억 명 정도, 그중 성을 넘어 이동하는 농민공은 3천만 명 이상으로 추정되었다. 유동인구의 규모에 관한 자세한 내용은 Solinger(1999, 15-23, Appendix) 참조.

그러나 1995년부터 약 10년 동안 성 내 이동이 아니라 타성으로 인구이동이 급증했다. 그 결과 2004년 국가통계국 및 농민공 연구자의 샘플 조사에 의하면, 타성 도시에 취업하고 있는 농민공은 약 1억 2천만 명으로 중국 전체 농촌 노동력의 약 24%에 해당한다. 또한 출신지 성의 향진기업에 취업하고 있는 농촌 노동력을 포함하면 농민공은 약 2억 명에 달한다(國務院研究室課題組 2006, 3-4). 이를 통해 볼 때 1995~2004년까지 유동인구는 8천만 명에서 약 2억 명으로 두 배 이상 증가했으며, 그중 타성으로 이동한 농민공은 2~3천만 명에서 1억 2천만 명으로 급증했음을 알 수 있다.

한편, 1995년부터 시작된 타성으로 인구이동 증가 추세는 2000년대 초 중국 주요도시의 농민공과 시민의 비율을 바꾸어 놓았다. 농민공 주요 유입지의 농민공과 시민의 비율을 살펴보면 이를 잘 알 수 있다. 2003년 베이징시의 외래인구는 409.5만 명, 2002년 상하이시 외래인구는 319.7만 명, 2003년 저장성 외래인구는 425.1만 명이며, 외래인구의 80%는 농민공이다. 베이징, 상하이, 광저우(廣州), 난징(南京)의 외래인구는 도시 상주인구(戶籍人口)의 1/3 이상을 차지하며, 쑤저우(蘇州), 항저우(杭州)의 외래인구는 50% 이상이다. 특히 주장(珠江) 삼각주의 대표적인 도시인 선전(深圳), 둥관(東莞)의 외래인구는 상주인구의 각각 4배, 3.25배로서, 인구비율로만 보면 외지인 위주의 이민 도시가 형성되고 있다(建設部隔調硏組 2006, 319).[7]

이를 통해 볼 때 2000년대 초 중국 연해지역의 주요도시는 도시인구와 외래인구가 거의 비슷한 비율이거나 외래인구가 더 많은 지역도 나타나고 있다. 호구제도에도 불구하고 중국의 주요도시는 도시인구와 외래인구가 공존하는 공간으로 바뀌고 있다. 따라서 대도시로의 인구이동을 엄격히 금지해 온 호구제

---

[7] 광둥성 주장 삼각주 지역의 농민공 증가가 그 지역 경제발전, 노동시장 및 사회변화에 미친 영향에 관해서는 다음 참조. 李玲(2005, 82-120).

도가 개혁 이후 사실상 그 기능을 상실해 가고 있음을 알 수 있다.

1) 농민공 유출지와 유입지 : 타성으로 이동

2004년 농민공의 유출지, 유입지 분포를 통해 다른 성으로 이농하는 농민공의 특징을 살펴보면 다음과 같다. 〈그림 3-1〉을 보면 농민공의 유출지는 중부지역 40%, 서부지역 27%, 기타 지역 33%로 중서부 지역이 차지하는 비중이 67%로 절대적이다. 반면 농민공 유입지는 취업기회가 많고, 수입이 높은 동부지역이 70%로 절대적 비중을 차지하며, 중서부 지역은 중부 14%, 서부 16%로서 비중이 낮다(勞動和社會報障部調研組 2006, 71-75). 이를 통해 2000년대 농민공의 이동 방향은 중서부 지역 농민이 동부지역의 타성으로 이동하는 추세가 지배적임을 알 수 있다. 중국의 지역별 인구밀도가 중서부 지역은 낮고, 동부지역이 높은 점을 고려할 때, 중서부 지역 농민 중 농촌을 이탈하는 농민공의 비중이 압도적

〈그림 3-1〉 농민공 유입지·유출지 분포도 (2004년)

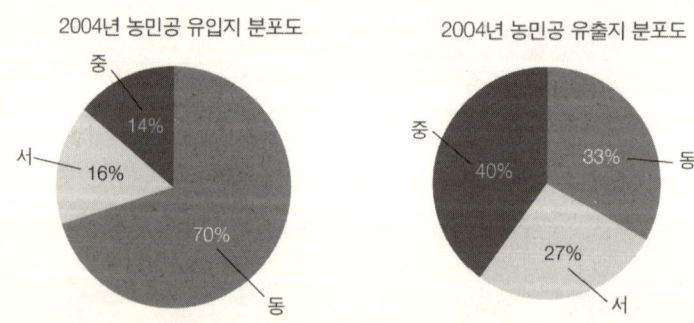

출처 : 국가통계국 2004년 농촌조사팀 조사 자료 ; 國務院硏究室課題組(2006, 74).

으로 높음을 알 수 있다.

2000년대 농민공의 유입지와 유출지를 보다 세분화시켜 성급 수준에서 살펴보면 〈그림 3-2〉와 같다. 주요 유출지(출신지)는 안후이(安徽), 장시(江西), 쓰촨, 후난(湖南), 후베이, 허난(河南) 등 중서부의 공업화 수준이 낮은 내륙지역 성이며, 그중에서도 인구밀도가 높은 쓰촨, 허난의 농민공은 1,000만 명 이상으로 가장 많다.

농민공의 유입지(취업도시)는 광둥성이 전체 농민공의 약 47%를 차지할 정

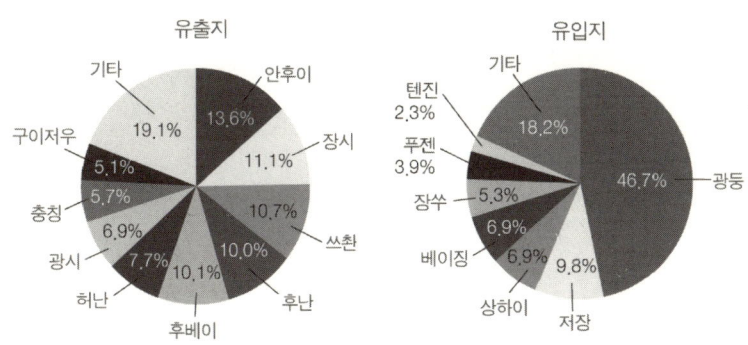

〈그림 3-2〉 농민공의 성급 지역 유출지·유입지 분포도 (2002년)

출처: 국가통계국 2002년 농촌조사팀 조사 자료; 國務院研究室課題組(2006, 75).

도로 가장 비중이 높으며, 베이징, 톈진, 상하이, 저장, 장쑤(江蘇), 광둥(廣東), 푸젠(福建) 등이 약 82%로 대도시 및 동부지역이 절대적 비중을 차지함을 알 수 있다. 이런 농민 도시취업의 특징은 본인의 출신지(호구 소재지)를 떠나 타성으로 이동한다는 점이다. 2004년 출신지를 벗어난 농민공 비중은 76%이며, 그 중 출신 성을 벗어난 이농은 51%이고, 같은 성에서 다른 도시로 이농한 비중은 25%에 불과하다(國務院研究室課題組 2006, 5-6, 76-77, 104-105).[8]

이처럼 농민공이 출신 성을 떠나 연해지역 도시로 멀리 이동하는 이유는 중국의 경제발전전략으로 연해도시에 일자리가 풍부하고 임금이 높기 때문이다. 그런데 중국은 각 성마다 사용 방언이 다르기 때문에 이런 장거리 이동은 경제비용 외에도 언어·문화적 차이로 인한 사회·문화적 기회비용을 치르게 된다.

2) 농민공의 연령, 학력, 이농 연결망

2004년 농민공의 연령, 학력, 이농 연결망 등을 통해 다른 성으로 이동하는 농민공의 기본적 특징을 살펴보면 다음과 같다. 농민공의 연령 분포는 〈그림 3-3〉에서 나타나는 바와 같이 16~30세가 61%로 가장 많고, 31~40세가 23%, 41세 이상은 16%이며, 농민공의 평균 연령은 28.6세로 젊은 층 위주다.

〈그림 3-3〉 농민공의 연령 분포도 (2004년)

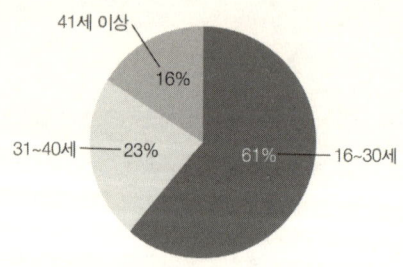

출처: 국가통계국 2004년 농촌조사팀 조사 자료; 國務院硏究室課題組(2006, 4, 71).

---

8 농민 이농의 지역별 차이와 농가 소득수준과의 관계에 관한 분석은 다음 참조. 農業部軟科學委員會辦公室(2001, 177-211).

<그림 3-4> 농민공의 교육수준 분포도(2004년)

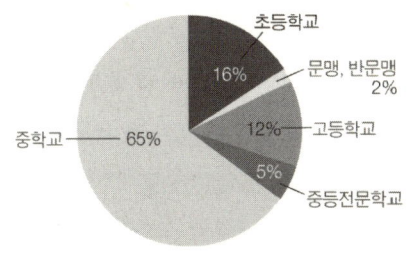

출처: 국가통계국 2004년 농촌조사팀 조사 자료; 國務院硏究室課題組(2006, 72).

농민공의 교육수준은 <그림 3-4>에서 나타나는 바와 같이 65%가 중학교 학력이며, 고등학교 12%, 초등학교 학력 16%, 문맹 2%로 유출지 농촌에서는 상대적으로 교육수준이 높은 사람들이 이농을 선택하고 있으며, 각종 기술 훈련을 받은 농민공의 비율은 약 24%이다. 이처럼 농촌 기준에서 보면 젊은 층이고 문화수준이 높은 편이라는 점에서 상대적으로 시장 경쟁력이 있는 사람이 이농을 선택하지만, 도시의 기준에서 보면, 농민공 취업의 현실적 장애는 농민공의 학력 및 기술수준이 낮고, 농민공 관련 정책에 대한 인지도가 낮기 때문이라는 지적도 있다. 즉 농민공은 개인 능력의 한계로 인해 도시에서 시장의 요구에 적응할 수 없기 때문에 노동조건이 안정적인 정규직에 취업이 쉽지 않다는 것이다(王秋生 2005, 120-127).

또한 2004년 조사에 의하면, 농민공은 이농할 때 혈연·지연에 기초한 사회적 연결망을 통해 정보를 접하고, 스스로 알아서 이농하는 농민공이 88%로 절대적 비중을 차지하고 있으며, 정부조직을 통한 이농은 12%에 불과하다(國務院硏究室課題組 2006, 99-103).[9] 10여 년 전에도 농민공이 개인관계를 통해 직업을 구하는 비율은 전체 농민공의 80% 이상을 차지하고, 정부 직업소개소를 통한 이동은 10% 이하였다. 즉 1995년 광둥성 농민공의 취업경로 조사에 의하면, 82%가 개인관계를 통해 취업했고, 유출지 지방정부의 도움을 받아 취업한 농민공은 단지 5%에 불과했다. 1997년 베이징 농민공이 취업정보를 획득하는 방법도 친척이나 친구의 소개가 73%에 이르며, 공개적인 모집은 7%에 불과하다(趙樹凱 1994, 109-110 ; 劉世定·王漢生·孫立平·郭于華 1995, 191 ; 李培林 1996, 45 ; 孫淑淸 1999, 56 〈표 1〉). 이를 통해 볼 때 1995년부터 중앙정부 차원에서는 농민공에 대한 관리와 통제를 강조했음에도 불구하고, 지난 10여 년 동안 농민 이농 과정에서 유입지와 유출지 지방정부는 모두 농민의 자발적 이농을 통제하지도 못하고, 조직적으로 농민 이농에 개입하여 관리하지도 못했다고 볼 수 있다.

3) 농민공의 직업 분포

2004년 국가통계국이 조사한 농민공 직종 분포도 〈그림 3-5〉에 의하면, 농민공의 직업은 제조업(30%), 건축업(23%), 서비스업(10%) 위주이다. 또한 2005년 노동부의 농민공 직종 조사에 의하면, 제조업 27%, 건축업 26%, 숙박 및 요식업 11%, 도소매업 12%, 각종 서비스업 9%로 나타나, 역시 제조업, 건축업, 서비스업이 주요 직종임을 알 수 있다. 특히 농민공 노동력은 가공 제조업 전체 노동력의 68%, 건축업의 80%, 도소매업 및 요식업의 52%를 차지할 정도로 절대적인 비중을 차지하고 있다(國務院硏究室課題組 2006, 5-6, 76-77, 104-105).

또한 〈표 3-1〉에 의하면, 지역에 따라 농민공의 직업 분포는 차이를 보인다. 외자기업 및 향진기업이 밀집해 있는 동부지역은 제조업 비중이 38%로 전국평

---

9 농민공 취업 연결망에 관한 자세한 내용은 다음 참조. 李路路(2003, 120-128).

<그림 3-5> 농민공의 직종 분포도 (2004년)

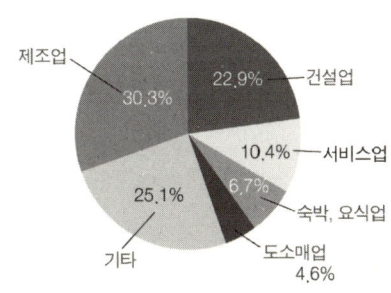

출처 : 국가통계국 2004년 농촌조사팀 조사 자료 ; 國務院硏究室課題組(2006, 5).

균 30%보다 높은 반면, 중서부 지역은 각각 14%, 11%로 전국 평균보다 낮다. 반면 건설업의 경우 동부지역은 18%로 전국 평균 23%보다 낮고, 중부 및 서부 지역은 각각 30%, 37%로 전국 평균보다 높다(國家統計局調硏組 2006, 104).

<표 3-1> 지역별 농민공 직종 분포표(2004년)

	전국	동부지역	중부지역	서부지역
광업	1.8	1.0	4.3	3.4
제조업	30.3	37.9	14.1	11.2
건설업	22.9	18.3	30.1	37.0
교통운송, 물류, 운송업	3.4	3.2	4.0	3.7
도소매업	4.6	4.1	5.7	5.4
요식업	6.7	5.9	9.5	7.4
서비스업	10.4	10.2	11.9	10.0

출처 : 국가통계국 2004년 농촌조사팀 조사 자료 ; 國家統計局調硏組(2006, 104).

한편 위에서 농민공의 지역별 취업 분포를 보면 대부분 단순육체노동자이지만, 2001년 베이징의 경우 상업·전문직·기술직에 종사하며 정착해 가는 농민공 그룹이 형성되고 있다. 2001년 베이징의 농민공 업종 구성을 보면, 1위 도소매 유통업 및 요식업 34%, 2위 제조업 21%, 3위 건축업 16%로 다른 지역에서 비중이 높은 제조, 건축업 대신 도소매 요식업이 가장 비중이 높다. 그 이유는 베이징이 인구밀도가 높은 수도이며, 제조업보다는 상업이 발달한 소비도시이기 때문이다.

농민공은 도시 거주 기간이 길어질수록 단순 노동직 위주에서 점차 전문 기술직이 증가하는 추세를 보인다. 베이징 농민공 중 상업 종사자는 1994년 39%에서 2001년 18%로 감소하고, 건축 노동자는 1994년 28%에서 2001년 21%로 감소한 반면, 국가기관 직원, 기술직, 사무직 종사자가 1994년에는 전혀 없었으나 2001년에는 7%를 차지하고 있으며, 공업 노동자 역시 1994년 7%에서 2001년 15%로 증가했다. 또한 베이징 농민공은 장기적으로 베이징에서 취업을 희망하는 사람이 70%로 절대다수이며, 일시적으로 거주하며 돈을 벌어 귀향을 희망하는 사람은 28%에 불과하다. 베이징 취업을 희망하는 이유는 개인의 가치실현에 유리 54%, 취업기회가 많기 때문 48%, 고수입 34% 등이다(黃序 主編 2004, 122-123, 134).[10] 이를 통해 볼 때 베이징 농민공은 장래 베이징에 정착할 의사가 강하고, 실제로 일부 기술직·전문직으로 취업한 농민공은 시장에서 성공을 기반으로 도시민으로 정착할 가능성이 있다고 볼 수 있다.

베이징에 정착하려는 사람들은 귀향하려는 사람들에 비해 직장이나 거주지에서 사회관계가 좋은 사람들이다. 귀향하려는 농민공은 도시주민과 거의 교류가 없다. 이들의 사회관계는 주로 동향이거나 타 지역 출신 농민공으로 국한되어 있다. 농민공이 도시에 일정기간 머물며 돈을 벌어 귀향하려는 가장 큰 이유는 호구 및 토지정책과 밀접한 관계가 있다. 농민공에게 토지는 생존을 보장하

---

[10] 베이징 취업희망 비율은 설문조사에서 여러 문항을 선택하도록 했기 때문에 합계가 100%가 넘는다.

고 노년에 대비하는 최후의 보루로서, 고향에 토지가 남아 있기 때문에 나이가 들면 귀향하려고 한다(李强 2004, 56, 59, 65 ; 柯蘭君·李漢林 主編 2001, 123).

중국의 〈농촌토지 임대법〉(承包法) 제26조에 의하면, 청부(承包)기간 내 임대자(發包方)는 임대농지를 회수할 수 없다. 2003년 국무원 1호 문건에 의하면, 토지임대 기간 내 농민공의 임대농지를 강제로 회수할 수 없다. 임차농(承包方)은 전 가족이 도시로 이농하고 호구를 비농업호구로 변경했을 경우에만 임대농지를 반환해야 한다. 또한 2001년 국무원 6호 문건에 의하면, 농지 임대 기간 내 임차농 전 가족이 소도시로 이농해도 임차농의 의사에 따라 농지 임대 경영권을 유지하거나 법에 의거해 임대 경영권을 타인에게 양도할 수 있다(國務院硏究室課題組 2006, 289-290).

다음 사례를 보면, 도시에서 장기 거주하며 안정된 직업과 수입이 있고, 시장에서 비교적 성공한 농민공은 도시에 정착하려는 경향이 강하다. 이들은 베이징인과 안정적이고 폭넓은 사회관계를 형성하여, 도시인의 생활방식을 습득하며 정착하고 있다.

〈1990년대 중반 베이징 농민공의 도시적응을 보여주는 사례〉

J 모씨, 남, 36세, 중학 중퇴, 베이징에서 7~8년 일함. 가족(부인, 자녀)과 거주.

J는 저장 사람으로 농사를 짓다가 도시에 아무런 친척 없이 이농했다. 1986년 베이징이 장사하기 좋다는 말을 듣고 장사 밑천 인민폐 1,000위안으로 플라스틱 도매업을 시작했다. 당시는 베이징에 외지인이 적어 쉽게 방을 임대하고, 공상국(工商局)에 가서 영업허가증을 신청하여 15일 후 발급받았다. 길거리에서 노점상을 차려 플라스틱 제품을 팔았는데 장사가 잘 되었다. 1987년 고향에 가서 아이와 처를 데리고 베이징으로 왔다. 2년 후에는 두 형을 베이징으로 데

려와(현재 고향에는 부모와 친척이 거주) 장사하게 하고 자리를 잡았다. 아침 8시에 일을 시작하여 여름에는 저녁 9시, 겨울에는 저녁 6시까지 장사한다. 그의 세 식구 생활수준은 베이징의 일반인 수준이다. 식비 400위안, 방 임대비 100위안, 세금 매월 600위안, 그 외에 자녀 양육에 가장 많은 돈이 든다. 아이는 7세인데, 올해 초등학교에 입학했다. 외지인이기 때문에 6년간의 '기부금(贊助費) 6,000위안을 납부해야 한다. 유치원 및 초등학교를 공립학교에 입학시키기 위해 인민폐 1만 위안을 지불했다.

"난 베이징인들과 사회관계를 맺어 다양한 문제를 해결한다. 전화가 없고 삐삐(BP)를 사용하지만, 앞 상가의 주인과 친해져 그 집 전화를 이용하고, 내 명함에도 그 집 전화번호를 적었다. 물건을 놓을 데가 없으면 그 집 상가에 보관하기도 한다. 난 아는 베이징 사람이 많은데 모두 우리 고객이다. 친한 사람들이 우리 가게에 오면 물건을 원가로 주거나 무료로 주기도 하며 친한 관계를 유지한다. 우리 아이의 유치원, 초등학교 선생님들도 우리 가게의 고객이기 때문에 아이 입학이 수월했다. 아이를 위해서는 베이징이 고향보다 교육환경이 좋다."

"베이징에 정착하는 것은 아직 생각해 보지 않았지만, 10년이 지나 46세가 되면 고향으로 갈 생각도 있다. 현재 아이가 7세인데 10년 후 17세가 되면 대학에 입학할 나이다. 아이가 대학에 입학하면 베이징에 정착하는 것을 생각해 보겠다. 아이가 좋은 대학에 입학하기를 바라지만, 대학에 입학하지 못하면 내 장사를 함께 할 생각이다. 난 큰돈을 벌어 내 상점을 열어 주인(老板)이 되는 것이 꿈이다. 현재 장사로 이미 10~20만 위안의 자금을 마련했다. 기회를 보아 투자를 확대할 생각이다"(李强 2004, 169-170).

4. 1980년대 호구정책 : 이농 금지에서 묵인으로

중국 정부의 호구관리정책은 경제발전전략에 따라 차이를 보이며 변화했다. 1980년대 초에는 개혁 이전과 마찬가지로 이농을 엄격히 금지했고, 1984년부터 소도시로의 이농은 묵인 혹은 허용하는 동시에 대도시로의 맹목적 이농은 금지했다. 1990년대에는 이농을 허용하는 대신 노동취업증, 임시거주증, 농민공 직종 및 업종 제한, 증명서 발급비용 부과에 의한 경제적 장벽 등 다양한 행정적·경제적 방법으로 농민공 증가를 통제하고 관리했다. 2000년대에는 WTO 가입 후 농촌문제 해결을 위해 도시화정책을 추진하자, 농민이농을 장려하는 사회 분위기가 조성되었다. 중국 정부 역시 농민공에 대한 다양한 차별정책을 폐지하고, 노동력 시장의 단일화를 추진해 왔다. 아래서는 우선 1980년대 호구관리정책의 변화를 3단계로 나누어 살펴보자.[11]

1) 1단계(1979~1983년) : 인구이동 금지

1958년 발표된 〈호구등기조례〉는 현행 호구제도의 기초로 호구등급(戶口等級) 혹은 호구차이(戶口差異) 관념을 형성했다. 그 후 호구제도는 1983년까지 엄격히 시행되었고, 개인의 자유로운 인구이동이 원천적으로 금지되었다. 개혁 이후 1983년까지 인구이동을 금지한 배경으로 첫째, 국내 식품공급부족, 둘째, 하방(下放)되었던 지식청년의 도시 귀환으로 도시의 취업문제 심화, 셋째, 계획

---

11 중국 농민 이농에 대한 정부정책 및 호구개혁 과정을 시기별로 구분한 후, 각 시기별 정부정책의 변화를 도표로 상세하게 작성한 자료는 다음 참조. 白南生·宋洪遠 等(2002, 164-172), 黃平·杜銘那克 主編(2006, 211, 250-251).

경제 시대의 발전전략 등을 들 수 있다. 1979~1983년 기간 중국 정부는 농민이 농을 통제하는 것이 합리적이라 인식했다. 이런 정책방향을 반영하여 1981년 국무원은 〈농촌 노동력의 도시취업, 농업호구를 비농업호구로 변경(農轉非)을 엄격히 통제하는 통지〉를 발표했다(白南生·宋洪遠 等 2002, 164-165).

2) 2단계(1984~1988년) : 소도시로의 인구이동 허용

1984년 1월 1일 〈중공 중앙 1호 문건〉에서 공업·상업·서비스업에 종사하는 농민이 스스로 식량을 해결하는 조건으로 집진(集鎭)에 정착하는 것을 허용했다. 또한 그해 10월에는 국무원이 〈농민이 집진으로 전입 및 거주하는 것에 관한 국무원 통지〉를 발표하여, 소도시(小城鎭)에 국한하여 농민공의 공식적 거주를 허용했다.[12] 이를 계기로 농민이 정부의 배급식량에 의존하지 않고 스스로 식량을 조달해야 한다는 전제 아래 현 정부 소재지를 제외한 나머지 농촌 소도시로의 호적 이전을 허용했다(邱繼成 外 1988, 95 ; 項飈 1993, 72).[13] 그 후 중국 정부는 다양한 정책 및 조치를 발표하여 지난 30여 년 동안 유지해 온 시민과 농민의 취업 관리제도를 완화하고, 농민 이농을 허용 혹은 묵인했다. 이에 따라 농민이 도시로 이동할 수 있는 새로운 법적 공간이 생겨났다.

그러면 호구제도와 마찰을 일으킬 소지가 있음에도 불구하고, 중앙정부 차원에서 처음으로 소도시로의 농민 이농을 허용하는 문건을 발표한 이유가 무엇인가? 농민 이농에 관한 정책변화의 배경은 다음 네 가지로 볼 수 있다.

첫째, 농산품 생산의 증가로 농민공에게 식품 공급이 가능해졌고, 둘째, 인

---

[12] 1984년 소도시 호구개방에 관한 자세한 내용은 다음 참조. 이민자(2001, 75), 정종호(2002, 259).
[13] 시장화에 따른 정부의 위로부터의 호구개혁에 관해서는 다음 참조. Solinger(1999, 223-228).

민공사의 해체 및 농산품 일괄구매, 일괄판매제도의 개혁으로 농민 이농의 제도적 장애가 소멸되었으며, 셋째, 1984년부터 향진기업 발전으로 소도시에서 노동력 수요가 급증하여 현지인 외에 농민 노동력이 필요했다.

넷째, 1984년 도시개혁으로 개혁의 중점이 이동한 후 도시발전 및 건설 열기로 노동력 수요가 증가하여 도시의 노동력 부족 현상이 나타났다. 이에 따라 정부는 도시의 노동력 부족 문제를 해결하기 위해 도시 국영기업이 농민공을 임시계약직으로 고용하도록 허용했다. 〈빈곤지역 노동력 자원 개발 강화에 관한 통지〉에 의하면, 연해경제발전지역 및 대·중도시의 노동력부문은 계획적으로 빈곤지역 노동력을 흡수하고, 국영기업도 일부 빈곤지역 노동력을 고용하고, 대중형 기업과 빈곤지역이 협력하여 공동으로 노동력 수출 장기 계획을 수립할 것을 장려했다(Mallee 2000, 89 ; 白南生·宋洪遠 等 2002, 165-166). 이 통지에서 주목할 만한 것은 농촌 노동력의 도시취업을 정부가 나서서 조직화하며, 도시호구 소지자만을 고용하던 국영기업에서 농민공을 고용하기 시작했다는 점이다. 이런 변화는 농민공의 도시취업이 확대될 수 있는 공간이 새롭게 형성되고 있음을 보여준다.

3) 3단계(1989~1991년) : 맹목적인 인구이동 통제

1984~1988년 인구이동 허용정책은 대규모의 이농으로 인한 교통수송, 사회치안, 노동력시장 관리 면에서 다양한 문제가 발생했으며, 천안문 사건 후 긴축정책으로 도시에서 취업 기회가 감소했다. 이에 따라 중국 정부는 농민의 맹목적인 이동을 관리하기 위해 '치리정돈'(治理整頓)을 강화했다. 그러나 이 시기 조정정책은 계획경제시기처럼 이농을 원천적으로 금지했던 것은 아니고 맹목적인 이농을 관리하는 차원이었다.

1989년 광저우시 기차역에 귀향 농민공이 몰리면서 수송문제로 교통전쟁이 발생해 농민공 문제가 처음 사회문제로 주목받았다. 1989년 설날 기간 교통전쟁은 "기회를 찾아 도시로 몰려드는 무질서하고 맹목적인 맹류로서의 '민공조'의 이미지"를 농민공에 대한 일반적인 이미지로 고착화하는 계기가 되었다. 농민공은 도시 발전을 위해 저렴한 노동력을 제공하면서도 호구제도로 인하여 불법적·비공식적·위협적 이미지를 벗어나지 못했고, 농민공 증가는 도시의 사회주의적 질서를 파괴하는 사회·정치적 문제로 인식되었다. 이런 부정적 이미지의 영향으로 농민공은 사회치안과 질서를 중시하는 공안국(公安局)의 관리 아래 놓였다(Mallee 2000, 91-92 ; 이민자 2001, 17-18 ; 정종호 2002, 261-262).

1989년 민공조가 경제발전 및 사회 안정에 불리하다는 인식 아래 국무원 및 공안부는 〈농민공의 맹목적인 이동을 엄격히 통제하는 통지〉를 발표했다. 1990년 4월에는 〈노동취업에 관한 통지〉를 발표하여 농민공의 도시취업에 대해 법률·행정·경제적 수단을 동원하여 효과적으로 통제 및 관리하기 위해 임시취업허가증, 취업등기제도를 만들었다. 그 주요내용은 다음과 같다.

"농촌의 향진기업 및 서비스업을 발전시켜 농민이 농촌에서 비농업에 종사하게 하여 도시로의 맹목적인 대규모 인구이동을 통제한다. 농민의 도시취업에 대해 법률·행정·경제적 수단, 홍보교육 등을 통해 효과적으로 통제하고, 엄격히 관리한다. 임시취업허가증, 취업등기제도를 만들어 단위의 고용을 감독한다. 계획 외 고용은 정부정책에 따라 중지하며 특히 농민공의 계획 외 고용을 해지하고 농촌으로 귀향시킨다. 농업호구의 비농업호구로의 변경을 엄격히 통제하여 계획지표 관리에 따른다"(白南生·宋洪遠 等 2002, 167).

5. 1990년대 호구정책 : 제도와 시장의 충돌

1990년대 인구이동 정책은 '맹목적 이동 통제'에서 '거시적 조정 아래서 농민공의 도시진입을 통제하고 관리하는 것'으로 바뀌었다. 아래서는 시장경제 확산으로 급증한 농민공을 통제하기 위해 중국 정부가 1990년대 어떤 제도적(정책적) 수단을 사용했는지 살펴보자. 1992년 덩샤오핑의 남순강화(南巡講話) 이후 민간경제가 활성화되고, 1992년 식량배급용 양식표(糧票) 사용이 중지되자 농민공이 비약적으로 증가했다. 1994년 8월 노동부는 정부 차원에서 농민 이농을 효과적·조직적으로 관리하는 방안을 강조했고, 1994년 말부터 농민공을 도시의 공공질서를 위협하는 사회문제로 인식하기 시작했다. 이에 1995년부터 중국 정부는 대도시로의 '이농금지'(귀향조치)에서 '이농 불가피'(임시거주증, 취업증 발급)로 인식을 바꾸고, 증가하는 대도시의 농민공을 효과적으로 관리하는 다음과 같은 제도적 방안을 모색하기 시작했다.14

1) 경제적 장벽 : 각종 증명서 발급 및 비용 부과

1994년 11월 노동부는 〈농민의 타성 취업에 관한 잠정 규정〉을 발표하여, 성을 벗어나 취업하는 농민공을 '취업증명카드'로 제도적으로 관리하기 시작했다. 즉 외지취업을 하려는 농민은 신분증 외에 본인 호구 소재지에서 '외지취업 등록 카드'를 발급받고, 취업지에서 현지 노동부문이 발급한 '외지인 취업증'을 받아야 한다. 이런 '증'(證)과 '카드'는 '노동취업증'으로서 외지취업을 위한 유효

---

14 1990년대 중반 중국 정부의 농민공 정책 변화에 관해서는 다음 참조. Mallee(2000, 91), 馬洪·孫尙淸 主編(1996, 165), 國務院硏究室課題組(2006, 91), 白南生·宋洪遠 等(2002, 168-169).

한 증명서이다. 또한 1995년 국무원은 〈유동인구관리를 강화하는 의견에 관하여〉를 발표하여, 통일적인 '유동인구 취업증' 및 임시거주증(暫住證)제도를 실행하도록 했다(白南生·宋洪遠 等 2002, 168).

베이징시는 1995년부터 국유기업 개혁으로 시민들의 재취업문제가 발생하자 농민공 취업 통제를 강화하기 시작했다. 주요방법은 농민공 고용제한과 각종 증명서 발급에 수수료를 부과하여 농민공의 도시진입 비용을 높이는 것이다. 베이징시의 농민공에 대한 관리를 단적으로 보여주는 것이 1995년 통과된 〈베이징시 외지 취업인 관리 조례〉(北京市外地來京務工經商人員管理條例)이다.[15] 이 조례의 목적은 농민공의 양적 통제 및 관리 강화, 농민공의 생명 및 재산권을 법적으로 보호하는 것이다. 그러나 실제 조례의 주요내용은 농민공이 발급받아야 하는 각종 증명서 종류와 위반 시 처벌 규정을 명시하여, 농민공에 대한 정부 차원의 관리를 강화하는 것이고, 농민공의 권리보호는 제외되어 있다. 농민공은 각종 증명서를 발급받으면 정부의 임시거주인구 관리대상이 되고 관리비를 납부해야 한다.[16] 1995년부터 농민공이 중국 도시에서 합법적으로 거주하며 취업하기 위해 필요한 증명서를 정리하면 다음과 같다.

---

[15] 이 조례는 1995년 4월 북경시 제10차 인민대표대회 상무위원회 제16차 회의에서 통과되어 1995년 7월 15일부터 실행되었고, 1997년 6월 북경시 제10차 인민대표대회 상무위원회 제37차 회의에서 일부 규정을 수정 및 첨가했다.
[16] 농민공의 의무와 권리보호 규정은 다음과 같다. 30조: 농민공은 반드시 외래인구 관리기구 혹은 노동행정 관리기구에 관리비를 납부해야 한다. 정부와 시 인민정부가 정한 특수업종에 종사하는 농민공은 관리비가 면제된다. 32조: 농민공 고용 단위와 개인은 노무자와 노동계약을 체결해야 한다. 법에 의해 농민공은 노동보수와 휴식의 권리를 보장받는다. 35조: 농민공의 신체, 재산 및 기타 합법적 권익이 침해받았을 때 관련기관에 신고할 권리가 있고, 관련기관은 성의 있게 처리해야 한다. "北京市外地來京務工經商人員管理條例"(1997. 6), p. 9.

취업증

1994년 11월 노동부는 〈농촌노동력의 외성(外省) 취업 관리규정〉을 공포하여, 유출지 및 유입지의 취업증 발급을 통해 농민이농을 통제하려 했다. 즉 도시에 취업하려는 농민은 유출지 노동부문에 도시취업이 가능하다는 것을 증명하고 '외출인원등기카드'를 발급받는다. 이 카드는 외지인의 도시 취업이 합법적임을 증명하는 증서이다. 이 '증명서'가 있어야 유입지에서 '외지인 취업증'(外來人員就業證)을 발급받을 수 있다. 농민공은 임시거주증과 기타 관련 증명서를 구비하여 유입지 노동행정 기관에 가서 외지인 취업증을 발급받아야 한다. 위 두 가지 취업증명서는 일종의 농민공 도시거주의 '합법성'을 보증하는 증거이다.[17]

취업증 발급 규정의 목적은 취업목적이 불분명한 농민의 맹목적인 이농을 막아보려는 것이다. 여기서 문제는 농민의 취업기회가 명확하다는 판단기준이 무엇인가이다. 대부분의 농민공은 공식부문 직장에 취업하는 것이 아니라 자영업이나 비공식 부문(가정부, 노점상, 소상점 점원 등)에 종사하고 개인관계를 통해 취업한다는 점을 감안하면, 농촌 현지에서 이들의 취업가능성을 증명하기는 사실상 어렵다.

한편 중국 정부는 1995년부터 취업증 외에 임시거주증, 산아제한증, 영업허가증 등 다양한 증명서를 발급하여 도시에 거주하는 농민공에 대한 관리를 강화하기 시작했다. 베이징의 경우 농민공이 도시에서 거주하고 취업하려면 해당 기관에서 다양한 증명서를 발급받아야 한다.[18]

---

[17] "北京市外地來京務工經商人員管理條例"(1997. 6), pp. 6-8 ; 北京市政府, "北京市外地來京務工經商人員管理文件匯編," pp. 12-13 ; 趙樹凱(1998, 215) 참조. 취업허가증, 임시거주증, 주택, 가족계획, 농민공 자녀 교육, 녹색호구 등에 관한 자세한 소개는 다음 참조. 柯蘭君·李漢林 主編(2001, 102-108).
[18] "北京市外地來京務工經商人員管理條例"(1997.6), p. 7. 베이징시 농민공이 발급받아야 하는 각종 증명서에 관한 좀 더 자세한 소개는 다음 참조. "北京市流動人口管理工作的有關情況,"『農村勞動力流動研究』(1996, D-04). 이 자료는 1996년 3월 14일 농촌노동력유동과제조(農村勞動力流動課

임시거주증(暫住證)

공안부는 1985년 7월 농민공을 통제하기 위해 〈도시 임시거주인구 관리 잠정 규정〉(關於城鎭暫住人口管理的潛行規定)을 발표했다. 이 규정은 1990년대 초에야 중국의 중요 도시에서 시행하기 시작했으나 효과가 미진했다. 이에 공안부는 임시거주증 발급의 효율성을 높이기 위해 1995년 〈임시거주증 신청·발급 방법〉(暫住證申領辦法)을 발표했다(王建民·胡琪 1996, 261-262).

베이징의 경우 공안기관에서 외지인에게 발급하는 임시거주증은 베이징에 임시거주할 수 있는 합법 증명서이다. 취업하려는 외지인은 북경에 도착한 후 30일 안에 호적관리 규정에 따라 본인의 신분증과 기타 유효한 증명서를 구비하고, 출산적령기 여성은 미혼증이나 가족계획증(婚育狀況證明書)을 가지고 임시거주지 공안기관에 가서 '임시거주증'을 등록해야 한다. 공안기관은 조건에 맞으면 임시거주증을 발급해 준다. 임시거주증을 발급받지 않고 도시에서 30일 이상 체류하며 취업해 있는 농민공은 비공식적으로 거주하는 일종의 불법취업자인 셈이다. 베이징, 상하이의 경우 임시거주증을 발급받지 않은 사람은 주택을 임대할 수 없고, 상업활동에 종사할 수 없으며, 노동행정기관은 외지인 취업증(外來人員就業證)을 발급해 주지 않고 공상행정 관리기관은 영업허가증(營業執照)을 발급해 주지 않는다. 또한 베이징의 각급 공안기관은 농민공 수를 제한하기 위해 외지인(暫住人口)이 현지 상주인구의 일정 비율을 초과하지 않도록 규정했으며, 구체적인 비율은 개별 구와 현 정부에서 정했다.[19]

題組)의 요청으로 베이징시 외래인구관리공작영도소조판공실(外來人口管理工作領導小組辦公室) 부주임과 시 공안국 외래인구관리처 처장이 발표한 내용을 정리한 것이다.
[19] "北京市外地來京務工經商人員管理條例"(1997.6), pp. 6-8 ; 北京市政府, "北京市外地來京務工經商人員管理文件匯編(1995)," pp. 12-13. 광저우시에 30일 이상 거주하는 유동인구(外省人) 역시 30일 이내에 신분증을 소지하고 임시거주증을 발급받아야 한다. 임시거주증의 유효기간은 1년이며, 임시거주증 발급 비용은 실비로 처리하고 기타 어떤 비용도 징수하지 않는다. 임시거주증 미발급 혹은 유효기간을 초과한 경우 인민폐 50위안 이상 100위안 이하의 벌금을 부과한다(余安 2005).

〈임시거주증 등록 양식〉

원(原) 호구 유형(농업호구 혹은 비농업호구)   임대인 이름
임시거주증 등록 번호   임대인과의 관계

기본 정보	이름　　　　　성별　　　　　사진 별칭　　　　　국적 출생 년 월 일 거주인 신분증 번호 상주호구 소재지 주소 상주호구 유형　　　　교육 결혼 유무　　　　직업
임시 정보	도착일　　　　체류 사유 체류지　　　　현직 현재 고용 상황　　보증인 체류지 주소 임시체류 허가 기간　　임시체류 허가 만기일 취소 사유　　　　　　취소일 귀환지
15세 이하 동반자	관계　이름　성별　출생일　신분증 번호
우편물 수령지	연락처
비고	

작성 단위   과정   작성일 년 월 일

출처 : Wang(2004, 76).

영업허가증

베이징시에서 경영활동에 종사하는 농민공은 임시거주증, 영업장소 합법증명서 및 기타 관련 증명서를 구비하여 공상행정 관리기관에 가서 영업허가증을 신청하고 세무등기를 해야 한다. 자영업에 종사하는 농민공은 반드시 시장(集貿市場) 혹은 기타 인가받은 장소에서 상업활동을 해야 하며, 노점 상행위는 금지되었다.[20]

산아제한증과 미혼증

출산적령기 농민공 중 기혼여성은 유입지 가족계획기관(計劃生育部門)에 산아제한증(計劃生育證 : 자녀가 1명임을 증명하는 증서)을 등록하고, 미혼여성은 미혼증(未婚證)을 등록해야 한다. 이런 증명서가 없는 사람은 취업증, 영업허가증을 발급받을 수 없으며, 개인이나 단위가 이들에게 주택이나 영업장소를 임대해 줄 수 없으며, 이를 어기면 벌금이 부과되었다.[21]

베이징의 경우 위와 같은 농민공을 관리할 때 집행주체 및 위반자 처벌 방법은 다음과 같다. i) 본시(本市) 공안, 노동, 공상 행정관리, 부동산 관리, 세무, 가족계획 등을 담당하는 기관에서 역할을 적절히 분담하여 무공경상인원(務工經商人員 : 농민공)을 관리한다. ii) 공안, 노동, 공상 행정관리, 부동산 관리, 가족계획 기관 및 농민공 전문 관리기구는 정기적으로 '임시거주증', '가족계획증', '취업증', '영업허가증'이 없는 농민공과 '주택임대 허가증', '주택임대 안전합격

---

20 "北京市外地來京務工經商人員管理條例"(1997. 6), pp. 6-8.
21 "北京市外地來京務工經商人員管理條例"(1997. 6), pp. 6-8. 농민공이 도시에서 직면하는 다양한 증명서 발급, 사회보장에서 배제, 자녀의 공립학교 입학 불허 등 불평등에 관해서는 다음 참조. 呂焱(2005, 116-117).

증'이 없는 주택 임대업자 및 개인적으로 농민공을 고용한 단위와 개인을 조사하여 처리한다.22

위에서 살펴본 바와 같이 농민공이 도시에 거주하려면 다양한 증명서를 발급받고 거주비용을 납부해야 한다. 농민공에게만 공식적으로 징수되는 비용명목과 징수단위는 〈표 3-2〉와 같다. 농민공 자영업자는 이런 공식 비용 외에 수시로 경찰이나 지역보안대에 비공식적으로 돈 봉투를 건네야 영업을 할 수 있는 실정이다.

〈표 3-2〉 농민공에게 징수되는 비용 명목 및 징수기관

비용 명목	징수 대상	징수 기관
외지취업 허가증 발급비	농민공 노동자	유출지 정부
관리 서비스비	농민공 자영업자	유입지 도시정부
농민공 취업허가증 발급비	농민공 노동자	유입지 도시정부
시공 관리비	농민공 건축업 노동자	유입지 도시정부
치안 관리비	외래인구	도시 공안부문
임시거주증 발급비	외래인구	도시 공안부문
가족계획증 발급비	가임기 농민공 여성	도시 가족계획위원회

출처 : 蔡昉(2000, 9-10).

농민공에게 각종 명목의 증명서를 발급하는 데 드는 비용은 상당히 높은 편이며, 일관된 기준이 없기 때문에 부당한 비용이 징수되는 경우도 많다. 예컨대 2000년 조사에 의하면, 외지 취업허가증은 일반적으로 1인당 60위안이지만 최고 250위안까지 징수하기도 한다. 임시거주증은 1년에 197위안, 2000년 초부터 시행되기 시작한 건강증을 발급받기 위한 건강진단 비용은 103위안이다. 이런

---

22 "北京市外地來京務工經商人員管理條例"(1997.6), pp. 8-9, 趙樹凱(2000, 214) 참조.

각종 증명서를 발급받는 데 매년 1인당 약 500위안 정도가 필요하다.[23]

각종 증명서 발급제도는 정부가 농민공의 무분별한 이동을 관리하고 통제하려는 목적에서 생겨났다. 그러나 농민공은 증명서 발급으로 정부에 '도시거주비용'을 지불하는 대신 어떤 법적 보호도 받지 못했다. 농민공과의 인터뷰에 의하면, 정부의 '관리'란 서비스나 도움을 주는 것이 아니라 '돈을 버는 수단'에 불과하다. 즉 "농민공 관리는 바로 증명서 발급이고, 그것은 수수료를 받아가는 것이다. 수수료를 받지 않는 증명서 발급은 없고, 각종 수수료는 통일적인 기준이 없고 비싸다. 농민공 관리정책은 정부의 편의를 위한 것이지 농민공의 이익을 대변하지는 못하므로, 농민공은 각종 증명서를 발급받는 것을 기피한다. 따라서 상당수 농민공은 도시에 거주하면서도 임시거주증을 발급받기 위해 파출소에 신고한 적이 없다."[24]

2) 농민공에 대한 제도적 배제 : 직종제한

2000년까지 농민공은 호구제도로 인해 도시에서 취업 업종 제한, 자녀입학 제한, 주택 구입 제한 등에 직면했으며, 외지에 취업하려면 신분증 외에 호적 소재지에서 발급한 외지 취업등록카드, 유입지 노동부문에서 발급한 외지인 취업증 등이 필요했다. 따라서 농민공은 도시에서 취업수속이 번거롭고, 정규직 노동력 시장에 진입이 불가능하여 비공식 노동력 시장에 취업했으며 시민보다 낮은 수입을 받고 시민이 누리는 사회복지 혜택에서 배제되었다. 농민공이 도시에서 직면하는 가장 큰 어려움은 경제적 문제가 아니라 '사회적 무시'로 제도의

---

23 『여성 농민공의 집(打工妹之家)』의 여성 농민공들과의 인터뷰, 2000년 5월 25일 ; 蔡昉(2000, 10).
24 베이징 농민공과의 인터뷰, 2000년 5월 25일.

문제이다(李强 2004, 55-56).

농민공 유입지의 호구관리, 취업, 사회보장, 기술교육 정책은 농민공이 노동력시장에서 동등하게 경쟁 가능한지 여부를 결정짓는 중요한 요인이다. 중국 농민공은 도시에 적응하면서 호구관리, 취업, 사회보장, 기술교육 정책 면에서 차별대우를 받아 왔다. 예컨대 취업제도의 차별은 구직, 취업, 관리 등에서 불평등한 대우를 받는 것으로 나타난다. 1990년대 농민공의 도시취업은 총량통제(總量控制), 업종제한, 현지인 우선 채용, 강제적인 관리비 부과 등의 방식으로 제도적 차별을 받았다. 베이징은 농민공 차별 정책을 통해 농민공의 도시진입을 엄격하게 통제해 온 대표적인 지역이다. 1995년부터 베이징 정부는 일련의 규정을 제정하여 농민공이 종사하는 업종 13개, 직종 206개로 엄격히 제한했다. 그 결과 농민공의 직업은 시민이 기피하는 3D 업종이다. 또한 2001년 베이징 농민공 총량을 95만 명으로 제한하여 농민공의 증가를 통제하려 했다(白南生·宋洪遠 等 2002, 173-172).[25]

외지인 직종제한의 목적은 농민공이 종사할 수 있는 직종을 제한하여 우선적으로 시민의 취업기회를 보호하는 것이다. 그 방법은 업종을 ABC로 나누어, A업종은 농민공을 고용할 수 있고, B업종은 농민공 고용을 제한하고, C업종은 농민공 고용을 금지하는 것이다. 특히 금융보험업, 각종 관리직, 백화점 종업원, 고급 호텔 종업원 등 비교적 조건이 나은 23개 업종은 농민공의 취업을 금지했다. 외지 농민공은 주로 건축업, 환경미화, 방직업 등 임금이나 작업환경 면에서 조건이 낮은 업종에 종사하도록 했다(趙樹凱 1998, 210).

---

[25] 베이징시의 농민공(外來務工經商人員) 취업 제한 규정은 다음과 같다. 베이징시 인대(人大) 상무위원회는 1995년 〈베이징 농민공 관리조례〉를 통과시켜, "규모 통제, 엄격한 관리, 서비스 강화, 법적 보호" 방침을 정하여 농민공을 엄격히 통제하는 정책의 기초를 마련했다. 업종 및 직종 제한은 베이징 노동국이 발표한 〈1995년 1호 통지〉로 시작되었다. 이 통지에 의하면 농민공 업종은 13개, 직종은 206개로 제한했다. 1998년 베이징의 실업(下崗) 문제가 심각해지자 농민공을 해고하고 실업자를 배치하는 〈2호 통지〉가 발표되었다(國務院研究室課題組 2006, 131).

베이징시는 1999년 시민들의 실업문제가 심각한 사회문제로 부각되자 농민공을 고용하는 업종제한을 강화했다. 베이징시 정부는 농민공의 취업을 제한하여 실업자가 된 시민(下崗職工)에게 재취업 기회를 확대하려 했다. 이는 지방정부가 현지인의 이익을 우선적으로 보호하는 조치라 할 수 있다. 농민공 취업 제한의 구체적 내용은 다음과 같다. 첫째, 금융, 보험, 우편, 광고, 정보자문 서비스, 각종 관리 인원, 영업사원, 회사 직원, 비서, 회계, 상점 판매원, 자동차 기사, 타자수, 민항 승무원, 고급 호텔 직원, 사무실 직원 등 5개 업종(行業) 34개 직종은 외지인 고용을 제한한다. 둘째, 기업은 베이징시 정부가 하달한 〈『1997』 37호 문건〉의 관련규정에 의거하여, 비례에 따라 실업자를 배치해야 한다. 특히 상업, 여행업 등 서비스업에 고용하는 수가 외지인 고용인원의 50% 이상, 기타 각종 기업이 시민 실업자(下崗職工)를 고용하는 수는 외지인 고용인원의 30% 이상이 되어야 한다.26 이런 제도적 차별 때문에 농민공은 베이징시민과 취업과정에서 동등한 경쟁을 할 수 없었다. 농민공 취업제한 규정으로 농민공은 시장에서 더욱 불이익을 감수해야 했다. 시민과 농민공은 노동력 시장에서 자유경쟁이 아니라 '불평등 경쟁'을 하고 있는 셈이었다.

베이징 같은 대도시 외에도 향진정부(鄕鎭政府) 차원에서도 현지인과 외지인을 차별했다. 농민공은 농촌의 향진기업 임시공으로 취업하여 저렴한 노동력을 제공했지만, 향진기업 발전으로 형성된 지역사회의 복지혜택에서는 제외되었고, 고용에서도 현지인 우선 고용정책으로 차별대우를 받았다. 예컨대 향촌기업의 향촌정부에 대한 상납금은 향진주민, 간부에게 혜택을 제공하는 다음 두 가지 용도로 사용되었다. 하나는 현지주민이 집단적으로 향유하는 수익으로, 교육, 복지사업, 인프라 건설(도로, 관개시설 등) 비용으로 충당되었고, 다른 하나는 지방정부의 각종 경비로, 그중 일부는 향촌정부 관리에게 지급하는 보너스

---

26 "1999年本市允許和限制使用外地人員的行業, 工種(崗位)範圍," 〈北京市通知1999 第1号〉.

로 사용되었다(김시중 1998, 496).

또한 향진정부는 지역 내 취업 및 주민 복지 향상을 위해 향진기업의 종업원 고용에 개입한다. 즉 현지 노동력을 우선 고용하고, 현지 노동력만으로 부족한 경우에만 외지(外地) 노동력 고용을 허용했다. 경제 불황으로 종업원을 감축해야 할 경우 외지 노동력부터 해고하고, 현지 종업원은 가급적 보호했다(서석홍 1996/97, 35).[27]

한편 다음 사건도 1990년대 농민공에 대한 법적·사회적 차별을 대표적으로 보여준다. 1999년 6월 21일 『중국합작신보』(中國合作新報)는 1998년 선전 한 지역에서만 농민공 1만여 명이 다치고 불구자가 되었으며 80명이 사망했지만, 그 책임자가 법정의 피고석으로 가는 경우는 거의 없었다고 폭로했다. 그러나 농민공이 법을 어겼을 때는 가장 엄한 처벌을 받는다. 1999년 7월 2일 『남방주말』(南方週末) 보도에 의하면, 네이멍구 출신의 농민공이 술을 마신 뒤 베이징 중관춘(中關村)에서 소형 승합차를 훔쳐 고향으로 운전하고 가다가 체포된 사건이 발생했다. 1999년 6월 23일 베이징 하이뎬구(海淀區) 법원이 개정되었다. 그 농민공은 법률적으로 자신을 변호할 수 있는 능력이 없었다. 그는 "차를 훔친 것은 집으로 돌아가려 한 것이고, 베이징으로 돌아오는 길에 돌려주려 했다"고 변명했다. 몇 만 위안의 차 때문에 그 농민공은 10년 넘게 감옥에 갇히게 되었지만, 이런 중형을 선고하는 데 개정에서 판결까지 1시간도 걸리지 않았다(샤오쉐후이 2006, 316-317).

---

27 이런 정부 개입에 의한 외지인과 현지인 간의 직종 차이는 사회적 지위의 차이를 유발했고, 사회적 차이는 사회적 교류의 단절로 나타나, 외지인과 현지인은 일상생활 중 서로 다른 세계에 속해 있다. 이에 관한 구체적 분석은 다음 참조. 王曉毅(2003, 172-184).

3) 소도시 호구개방 및 네 가지 개혁

중국 국무원은 1997년 6월 〈소도시 호적관리제도개혁 시범 방안〉 및 2000년 6월 〈소도시의 건강한 발전 촉진에 관한 의견〉을 발표하여 '소도시호구'를 개방했다.[28] 2001년 3월 공안부 역시 〈소도시 호적관리제도개혁에 관한 의견 통지〉를 발표했다. 이런 문건에 의하면, "인구 2만 명 이하의 현급 시 및 현 정부가 소재한 진 및 현 이하 소도시의 경우 합법적인 고정거주지, 안정된 직업 및 생활기반이 있는 농민은 본인이 원하면 도시호구로 변경할 수 있으며, 자녀입학, 군 입대, 직업 등에서 시민과 동등한 대우를 받는다(白南生·宋洪遠 等 2002, 171; 國務院硏究室課題組 2006, 93, 140-141). 이런 호구개방에 따라 유동인구의 소도시호구 취득이 합법화되었으나 호구제도의 기본 골격은 유지되었고, 대도시호구 획득은 여전히 제한되었다.

한편 1998년 7월 22일 국무원의 비준을 받은 공안부는 〈현재 당면한 호구관리에 대한 몇 가지 문제를 해결하는 의견〉(關於解決當前戶口管理工作中幾個突出問題的意見)이라는 문건을 통해 '네 가지 개혁'(四項改革)을 단행했다. 첫째, 자녀의 호구는 본인의 희망에 따라 부모 중 유리한 쪽을 선택한다.[29] 둘째, 별거부부의 경우 배우자 거주 도시에서 일정 기간 거주한 시민은 본인이 원하면 해당 도시호구를 발급받을 수 있다. 셋째, 자녀와 동거하지 않는 남성 60세, 여성 55

---

[28] 1997년 일부 소도시에서 조건에 부합하는 외지인에게 청색호구(藍印戶口) 발급을 허용하기 시작했다. 도시 정식 시민의 호구부(戶口簿)는 홍색호구(紅色戶口)이다. 이런 호구제도 완화에도 불구하고 생활이 빈곤한 절대 다수 농민공은 대도시에서 정착하기가 어려운 실정이다. 호구제도로 인하여 이중적 노동시장이 형성되었고, 농민공은 임시공으로 취업하여 도시 빈민층을 형성하게 된다(李强 2004, 125).

[29] 2001년 5월 베이징시 공안국은 호구는 모계(母系)만을 계승하던 원칙을 수정하여, 부계(父系) 계승도 허용했다. 이에 따라 어머니는 지방호구이고 아버지는 베이징 호구인 경우 자녀가 출생하면 어머니 호구 소재지에 상주호구로 등록한 후 자녀가 만 5~18세 사이에 베이징 호구를 신청할 수 있다. 이 규정은 1998년 7월 22일 이후에 출생한 미성년에게 적용된다. "北京市公安局澄淸外地兒童隨父母落戶問題," 『北京靑年報』(02/03/12). 이와 같은 호구개방으로 베이징 남성과 외지 여성이 결혼하여 낳은 자녀도 베이징 호구를 획득하게 되었다.

세 이상은 자녀가 거주하는 도시의 도시호구를 가질 수 있다. 넷째, 도시투자, 상품주택 구입, 기업체를 설립한 외지인 및 그 직계 가족 그리고 도시에 합법적이고 고정된 거주지, 안정된 직업 및 생활기반이 있고 현지정부의 관련 규정에 부합되는 외지인은 거주지의 도시호구를 신청할 수 있다.[30]

중앙정부(국무원, 공안부)의 소도시 호구개방정책이 지방정부 차원에서 어느 정도 추진되고 있는지 각 지방의 호구개혁 현황을 살펴보자. 충칭시(重慶市) 호구제도개혁은 상대적으로 이른 편이다. 1994년 소도시에서 호구제도개혁을 시작하여 1997년에는 전체 시의 건제진(建制鎭)으로 확대 실시했다. 향진에 합법적인 안정된 주거지, 안정된 비농업 직업이나 생활기반이 있는 외지인은 거주지에서 향진주민 호구를 등기할 수 있다. 이런 조치로 충칭시 소도시주민호구는 매년 평균 8만 명씩 증가했다. 2000년부터 시 전체로 호구제도개혁 범위를 확대했다. 2003년 9월부터 농업·비농업으로 구분되는 '이원 호구'를 폐지하고, 일괄적으로 "충칭시 주민호구"로 개칭하여 도시와 농촌을 단일호구(戶口一體化)로 관리하기 시작했다. 그러나 호구 등기의 조건은 "합법 고정된 거주지", "안정된 직업 혹은 생활기반"이 있어야 하는데, 대부분 농민공은 상품주택(商品房)을 구입하기 어렵기 때문에 현재까지 증가한 도시인구 중 농민공의 비율은 아주 낮다(國務院硏究室課題組 2006, 268).

중국에서 비교적 일찍 호구제도개혁을 시작한 닝보시(寧波市)의 호구개방 기준을 살펴보자. 첫째, 1998년 "농업호구를 비농업호구로 전환"하는 계획 지표를 폐지하여, 조건을 갖추어도 지표 제한으로 호구를 발급하지 못하는 문제를 해결했다. 둘째, 외지인의 도시호구 획득 조건을 완화했다. "거주지 등기와 거주자 일치"의 원칙에 따라 도시에 "합법 고정된 거주지", "안정된 직업 혹은 생활기

---

[30] "中國戶口管理制度變遷," 『中國經濟報』(01/06/26), "工人單調進京政策放寬 九類子女或配偶可進京," 『京華時報』(02/05/10), "外地兒童戶口隨父進京 暫住證管理費已取消," 『京華時報』(02/03/04).

반"이 있는 외지인에게 도시호구를 발급했다. 셋째, 인재 유치를 통한 기업 발전을 위해 유능한 사람에게 호구를 개방했으며, 상품주택을 구입한 사람에게도 호구를 개방했다. 그 결과 닝보시 공안국 통계에 의하면, 2005년 8월까지 시 전체에서 20만 명의 촌민이 비농업호구로 바꾸었다(國務院研究室課題組 2006, 269).[31]

    2000년대 초부터 호구제도는 그 운영 및 역할에 중대한 변화와 개혁이 나타나고 있다. 이런 변화는 시장 지향적 경제발전, 중앙권력의 분권화로 인한 것이며, 배제되었던 농민도 강한 압력으로 작용했다. 중국 정부는 시장 지향적 개혁을 추진하기 위해 몇 가지 호구제도개혁을 시작했고, 또 다른 호구개혁은 유동인구(비공식적으로 국내이동을 함)의 압력에 의해 이루어졌다. 중국 정부는 1990년대 급속한 경제성장 및 도시화라는 변화를 수용하기 위해 호구제도개혁이 불가피했다(Wang 2005, 49).

    1990년대 후반 중국에 거주하지 않는 학자들이나 홍콩의 신문, 잡지를 중심으로 호구제도개혁에 관한 논의가 시작되었다. 논의의 핵심은 주로 노동력 이동 금지의 경제적 합리성 문제에 국한되었다. 2000년대 들어 정부의 공식 문건, 지방 신문, 인터넷, 중국 국내 잡지에서도 경제적 비합리성을 지적하며 호구개혁 혹은 폐지에 관한 논의를 활발히 제기해 왔다. 그러나 정치사회적 통제 차원에서 호구개혁은 여전히 제한받고 있다. 이런 분위기를 반영한 듯, 2001년 가을 공안국은 호구 '폐지'가 아니라 '개혁'을 선언했다. 중국에서 호구에 기초한 제도적 배제는 정치적으로 여전히 남아 있다(Wang 2005, 59-60).

    위에서 살펴본 바와 같이 1990년대 말부터 점진적인 호구제도개혁이 시작되었고, 2000년대에는 호구관리정책이 '배제'에서 '선별적 수용'으로 변화되었

---

[31] 한편, 2003년 9월 스자좡(石家庄)시는 호구제도개혁으로 다양한 문제가 발생하자 호구 이전 정책을 다시 강화하여 "합법 고정된 거주지," "안정된 직업 혹은 생활기반"이 있는 외지인에게만 도시호구를 발급하기 시작했다. 그 결과 2003년 10월부터 2005년 6월까지 도시호구 발급은 현저히 줄어들었다(國務院研究室課題組 2006, 270).

다. 2003년에는 농민공 관리 서비스비 징수를 중지하고, 수용 및 호송 규정을 폐지하면서, 정책방향이 "관리 위주에서 관리 및 서비스 병행으로"(以管爲主 管理服務幷重) 무게중심이 이동하기 시작했다(國務院硏究室課題組 2005, 342 ; 白南生·宋洪遠 等 2002, 171-172 ; 黃平·杜銘那克 主編 2006, 28, 250-251).[32]

개혁 이후 중국의 호구관리정책의 변화과정은 '점진적 개혁'이라는 중국 개혁의 특수성을 확인할 수 있다. 중국 정부는 1990년대까지 농민공의 저렴한 노동력을 이용하기 위해 도시거주는 허용했지만, 도시주민으로 인정하지 않고 농민공은 상황에 따라 도시에서 언제든지 추방될 수 있는 '임시 체류자'라는 시각을 고수했다. 도시에 장기 거주하는 농민공에게 '주민증'이 아니라 '임시거주증'을 발급한 것은 중국 정부의 농민공에 대한 시각을 단적으로 보여준다.

그러나 2000년대 중국에서 도시화·시장화·사유화가 지배적 흐름이 되자, 중국 정부는 농민공에게 대도시호구를 개방하지는 않았지만 이들을 '도시주민' 혹은 '도시 상주인구'로 인정하고 효과적으로 관리하는 방안을 모색하기 시작했다. 농민공의 도시 거주는 경제발전의 측면에서 볼 때 양면성을 지니고 있다. 저렴한 노동력을 제공한다는 면에서 경제발전의 원동력인 반면, 행정적 공백 상태에서 도시에 거주하는 농민공의 증가는 사회적 불안정 요인으로 경제발전을 위협할 수도 있다.[33]

---

[32] 2000년대 호구제도개혁의 주요내용에 관해서는 이 책 4장 참조.
[33] 농민공이 밀집해 거주하는 도시 빈민굴의 각종 치안문제 및 사회 불안정 요인에 관한 연구는 다음 참조. 劉世定·劉能(2003, 264-283).

제4장

2000년대 호구제도개혁 논의와 배경

1. 서론

이 장에서는 2000년대 호구제도개혁을 둘러싼 중국 내 지배적 담론의 쟁점을 공안부, 인대, 학자를 중심으로 고찰한 후, 호구개혁 논쟁이 제기된 사회·경제적 배경을 시장화, 도시화, 농민공에 대한 행정 통제 약화, 농민공의 집단저항을 중심으로 살펴본다.

호구제도개혁 논의 및 실험 사례는 주로 농민공이 집중되어 있는 대도시(베이징, 상하이, 광저우, 선전)를 중심으로 소개할 것이다. 다른 지역에서 보다 본격적인 호구제도개혁이 시행되고 있는 경우도 많지만, 호구개혁에 가장 보수적인 위 네 지역의 호구개혁 논의 및 시행 현황을 소개하는 것이 2000년대 호구개혁의 방향 및 쟁점을 가장 잘 보여 줄 수 있을 것이라 생각한다. 또한 호구개혁이 농민공과 밀접한 관계가 있다는 점을 고려할 때, 농민공 밀집지역을 소개하는 것이 호구개혁의 목적을 이해하는 데 적합하다고 본다. 호구제도개혁 논의는 농민공 급증으로 인한 사회불안정 요인을 안정적으로 관리하기 위해 농민공 정책이 '차별 배제'에서 '선택적 수용'으로 변화되고 있음을 보여준다.

중국의 개혁·개방정책은 경제발전이라는 목표를 달성하는 외에 '의도하지 않은' 정치·사회적 결과를 초래하리란 주장이 제기되어 왔다. 이런 주장을 뒷받

침할 수 있는 사례가 최근 중국에서 나타나고 있다. 예컨대 경제발전 과정에서 다양한 정치·사회적 불안정 요인이 발생하자, 후진타오 정부는 2005년 '조화로운 사회(和諧社會) 건설'의 기치를 내걸고, 지역 간, 계층 간의 소득격차를 해소하기 위한 '재분배 정책'을 제시했다. 이런 '균형발전전략'의 일환으로 2005년 10월 공안부는 "대도시호구 제한도 폐지하는 방안을 검토 중"이라는 파격적인 발표를 했다.[1]

호구제도개혁은 1990년대 중반부터 중소도시를 중심으로 논의되기 시작했다. 1990년대 호구개혁의 쟁점은 도시와 농촌호구를 구분하는 이원구조를 유지한 채, 소도시에 국한하여 호구를 개방하는 것이었다. 그러나 2000년대 호구제도개혁 논의의 쟁점은 ① 점진적인 대도시(베이징, 광저우, 상하이) 호구개방, ② 단일호구제도(居民戶口 : 주민호구)를 실시하여 농민과 시민을 구분해 온 이원구조를 폐지하고 호구를 '단일화'하는 것, ③ 호구제도개혁에서 더 나아가 폐지 논의 대두 등이다.[2]

그러면 계획경제 시대 중국사회를 통제하는 주요 사회제도였던 호구제도가 2000년대 '개혁 혹은 폐지 논쟁'의 위기로까지 몰린 배경은 무엇인가? 2000년대 중국 각계에서 호구제도개혁을 둘러싸고 어떤 담론이 형성되었는가? 개혁기 사회·경제적 변화가 호구제도개혁에 어떤 작용을 했는가? 라는 의문을 제기해 볼 수 있다.

중국 정부는 1950년대 말 도시에서 계획경제체제를 운영하기 위한 사회제도로 호구제도를 만들었다. 2000년대 호구제도의 개혁 혹은 폐지 논쟁은 시장화의 결과 중국 정부의 사회 관리방식의 변화를 보여주는 중요한 사례라는 점

---

1 "全國11個省市開始統一省鄕戶口 北京暫未列其中,"『北京晩報』(05/10/28).
2 중국 내 호구폐지론자는 농민공의 경제적 빈곤은 농업호구와 밀접한 관계가 있으므로, 호구제도를 개혁하여 도시와 농촌 간의 취업, 사회보장, 주택 등의 차별을 폐지해야 한다고 주장한다. 호구제도를 둘러싼 찬반 논쟁에 관한 자세한 내용은 다음 참조. 國務院硏究室課題組(2006, 350-352).

에서 중국 국내외에서 주목받고 있다. 그러나 호구제도개혁의 중요성에 비추어 볼 때, 2000년대 진행 중인 호구제도개혁에 관한 체계적인 연구는 미진한 상황이다. 호구제도개혁에 관한 기존연구는 중앙 및 지방정부의 개혁정책 발표 및 지역별 실험적 시행 현황을 단편적으로 소개하는 데 그치고 있다. 호구제도가 왜 개혁 혹은 폐지되고 있는지를 개혁기 중국의 사회·경제적 변화의 맥락에서 설명한 연구는 거의 없다.[3] 따라서 이 장에서는 2000년대 사회·경제적 변화와 호구개혁 간의 관계를 중심으로 호구개혁의 배경을 살펴볼 것이다.

2. 호구제도개혁 논의

2000년대 호구제도개혁 논쟁은 시기별로 중앙의 정책에 따라 변화해 왔다. 첫째, 2001년 중국의 WTO 가입 후 우수한 인재 유치를 위해 대도시(베이징, 상하이, 광저우 등)의 호구개혁이 논의의 쟁점으로 부각되었다. 호구개혁에 가장 보수적이었던 베이징에서도 자본가 및 인재 유치를 위한 호구개방이 발표되었다. 지방정부의 개혁 중에서는 2001년 허베이성(河北省) 스자좡시(石家庄市), 저장성 닝보시가 주목받았다. 2002년 공안부도 호구제도개혁을 검토 중이라 밝히고 개혁 방향을 제시했다.

둘째, 2003년 후진타오 정부가 등장한 후 대중적 지지기반을 확대하기 위해 "민중 속으로" 전략을 취하자 사회적 약자인 농민공에 대한 정부 차원의 관심이 높아졌다. 이런 환경변화로 농민공이 밑으로부터 집단적으로 저항한 효과가 극

---

[3] 호구제도에 대한 기존연구는 다음 참조. Wang(2004), Chan and Li(1999), 이민자(2001, 63-95), Mallee(2000, 83-101), Cheng and Selden(1994).

대화됐다. 따라서 2003년 지역별로 호구 단일화가 발표되었고, 2004년에는 농민공에 대한 직종차별 규정의 폐지로 이어졌다.[4]

셋째, 2005년 10월 발표된 '11·5 계획'에서 사회주의 신농촌 건설·도시화 정책이 발표된 후, 호구제도개혁, 더 나아가 폐지까지 더 폭넓게 논의되기 시작했다. 공안부도 2005년 10월 "호구개방 조건의 완화 및 대도시호구 제한 폐지도 검토 중"이라고 발표했다. 이런 변화를 반영하듯 2005년 베이징, 상하이에서 농민공 자녀의 공립학교 입학이 허용되었다.

또한 중국 공안부는 2007년 3월 29일 전국치안관리공작회의를 열고 '현대판 신분제'라는 비판을 받아 온 호구제도 폐지 방안을 논의했다고 신화통신이 보도했다. 중국 관영 영자지『차이나 데일리』는 2007년 5월 24일 공안부 소식통의 말을 인용해 농민 이농을 자유화하기 위한 정책을 마련하고 있다고 보도하기도 했다(『동아일보』07/03/31 ; 07/05/24). 2007년 현재 중국의 12개 성과 자치구, 직할시가 농업호구·비농업호구라는 이원적 호구제도를 폐지하고 통일적인 '주민호구제'를 도입했으며, 광둥성이 곧 폐지할 계획이다. 호구제도를 폐지한 지역은 허베이·랴오닝(遼寧)·장쑤·저장·푸젠·산둥(山東)·후베이·후난·쓰촨·산시성(山西省)과 광시장족자치구(廣西壯族自治區), 충칭시 등이다(『동아일보』07/03/31 ; 07/05/24).

위에서 나타난 2000년대 호구제도개혁 논쟁의 시기별 변화를 이해하기 위해 아래서는 공안부(公安部), 인대(人大), 학자들의 주장을 살펴볼 것이다. 공안부는 호구 관리를 담당해 왔으며, 호구개혁에 관한 주요 문건을 발표하는 등 호구제도를 집행해 온 주체라고 볼 수 있다. 인대가 중국정치의 입법과정에서 주요한 행위자로 등장했다는 점을 고려할 때, 인대 대표들의 호구개혁에 관한 입장은 향후 정책 결정 및 여론 형성에서 그 영향력을 무시할 수 없을 것이다. 학

---

4 2000년대 호구제도개혁에 관한 소개 및 전망에 관해서는 다음 참조. Wang(2005, 179-203).

자는 호구개혁에 관한 밑으로부터의 여론을 수렴하며 지배적 담론을 형성하는 데 일정한 역할을 해 왔다. 따라서 호구제도개혁에 관한 이 세 그룹의 입장을 고찰함으로써, 중국 제도권 내의 지배적 담론 및 개혁의 방향을 파악하려 한다.

1) 공안부의 입장

치안유지를 담당해 온 공안부는 1990년대 말까지 다른 정부기관에 비해 호구제도개혁에 대해 반대하는 입장을 견지했다. 그러나 2000년대 초 '호구개혁 지지'와 '호구제도 폐지 불가'라는 입장 사이를 오락가락하며 점차 태도의 변화를 보이기 시작했다. 2002년 공안부 치안국 부국장은 호구제도개혁을 검토하는 중이라고 밝혔다. 즉 "농업호구와 비농업호구의 구분은 계획경제 아래서 식량 배급을 위해 생겨났다. 개혁 이후 식량배급제 폐지로 이원적인 호구제도 운영이 불합리하며 도시화 추세에도 부적합하다는 점이 드러났다. 따라서 공안부는 거주지에 따라 호구를 등록하는 통일적인 호구제도를 만드는 방안을 검토하는 중이다."[5]

2002년 공안부 발표에 따르면 호구개혁의 목표는 다음과 같다. 도시와 농촌호구를 구분하는 이원구조를 점차 폐지하여 단일호구등기제도 실시, 호구이전 제한을 완화하여 유능한 인재가 자유롭게 이동하도록 환경 조성, 계획경제 시대 만들어진 호구의 불합리한 기능을 폐지하고 새로운 신분증 제도를 실시하는 것 등이다.[6]

2002년까지만 해도 공안부는 호구제도개혁은 검토 중이지만, 폐지에 대해

---

[5] "外地人落戶北京還需條件〈戶籍法〉正在制定中,"『北京靑年報』(02/02/26).
[6] "戶口遷移限制逐步放寬 城鄕統一戶口不是夢,"『北京晨報』(02/01/05).

서는 행정통제 및 치안관리의 문제를 들어 부정적 입장을 보였다. "중국의 호구제도가 점차 폐지되는 것인가?"라는 질문에 대해 공안부 치안국 부국장은 "호구제도에 의존하고 있는 인구관리는 공안 부문이 치안을 유지하는 기초이므로, 호구제도는 절대 폐지할 수 없다"고 답했다. "공민신분증이 '주민 호구부'를 대체할 수 있는가?" 라는 질문에 대해서도 "양자는 서로 다른 기능을 하므로 대체될 수 없음"을 강조했다.7 또한 2001년 공안국 호구관리 담당자는 베이징 인구 규모, 주택, 교통, 상수도 시설 부족 등을 이유로 상당 기간 동안 베이징 호구를 개방할 수 없다고 했다."8 이처럼 공안부는 호구제도개혁은 허용하지만 '폐지'는 부정했으며, 특히 수도 베이징의 호구개방에는 보수적 입장을 표명했다.

그러나 2005년부터 공안부는 '현대판 신분제'라고 비판을 받아온 호구제도를 폐지하는 방안을 보다 적극적으로 검토하기 시작했다. 『법제일보』(法制日報)에 의하면, 류진궈(劉金國) 공안부 부부장은 2005년 10월 25일 개최된 중앙종합치안위원회 전체회의에서 "현행 호구제도가 거주이전의 자유를 제한하는 불평등한 제도라는 지적에 따라 이를 폐지하고 도시와 농촌 간의 '통일적 호구등기 관리제도'를 도입하는 방안을 검토하고 있다"고 밝혔다.9 2005년 공안부 부부장도 '농민공의 행정적 관리'를 위해 호구제도개혁이 불가피함을 인정했다. 즉 "2005년 6월 30일 통계에 의하면, 전국의 유동인구는 1억 5천만 명이고, 이 중 전국 공안기관에서 임시거주증을 발급받은 유동인구 8,673만 명이 도시에 상주

---

7 "公安部負責人 : 我國不會取消戶籍管理制度," 『中國靑年報』(02/02/26) ; "戶籍制度不會取消," 『天府早報』 02/02/05. 공안부가 밝힌 호구의 사회관리 기능은 다음과 같다. 첫째, 국민신분등록을 통해 신분을 증명하고 민사권리 및 행위능력을 설정한다. 둘째, 정부는 호구를 기초로 국민경제 및 사회발전 계획을 수립하고 노동력 배치를 위한 기초자료를 제공한다. 셋째, 호구관리는 치안관리의 기초이자 핵심이다. "戶籍改革路在何方," 『人民日報(海外版)』(04/10/08).
8 "北京戶口短期內不可能開放," 『北京晨報』(01/08/25) ; "招聘不限北京戶口不意味着戶口制度松動," 『北京靑年報』(01/08/23).
9 "我國擬取消戶口制度界限 放寬大中城市戶口遷移限界," 『法制日報』(05/10/26).

하고 있어 호구제도의 의미가 사실상 사라지고 있으며, 시장화로 인해 인구의 합리적인 이동을 법으로 막을 수 없게 되었다."10

결국 2005년 10월 공안부 관리는 "합법적인 고정된 거주지가 있는 외지인은 거주지 호구를 획득할 수 있으며, 점차 대도시의 호구 제한도 폐지하는 방안을 검토 중"이라고 밝혔다. 2005년 허베이, 산둥, 충칭, 쓰촨 등 11개 성·직할시의 공안기관도 도시와 농촌호구의 구분을 없애고 일원화된 호구등기를 준비하기 시작했다. 다만 베이징은 예외였다.11 이런 공안부의 입장은 성급(省級)에서 단일호구제도를 실시하여 인구이동을 합법화하고, 대도시호구개방도 검토했다는 점에서 그 이전에 비해 보다 파격적 개혁이라 볼 수 있다.

위에서 살펴본 호구개혁에 대한 시기별 공안부의 입장변화는 중앙정부의 입장변화와 밀접한 관계가 있다고 볼 수 있다. 예컨대 그동안 공안부는 치안유지라는 역할로 인해 국민통제에 치중했으나 후진타오 정부는 공안부가 '서비스 기관'으로 거듭날 것을 강조했다. 이런 시대적 역할 변화에 맞추어 공안부도 '치안유지'에 부담이 될 수 있는데도 호구제도 폐지를 적극 검토하고 있다. "2005년 10월 후진타오 총서기는 공안부가 보다 적극적으로 밑으로부터 국민 의견을 수렴하는 민원 접수 시스템(信訪機制)을 만들어 대중의 합법적 권익을 보호할 것을 강조했다. 이에 공안부 부장 저우융캉(周永康)은 회의석상에서 전국 공안기관이 후진타오 총서기의 정신을 수행하고, '조화로운 사회' 건설을 위해 공헌할 것을 강조했다."12 이를 통해 볼 때 2005년부터 공안부는 치안유지를 강조하며 호구개혁에 보수적이던 입장에서 서서히 후퇴하여 농민공의 합법적 권익을 보호하

---

10 "我國擬取消戶口制度界限 放寬大中城市戶口遷移限界"(2005).
11 "全國11個省市開始統一省鄉戶口 北京暫未列其中"(2005).
12 李鐳, "胡錦濤等就公安機關開門接訪工作重要指示," http://politics.people.com.cn (검색일: 2005년 10월 29일) ; "省級公安領導開始接訪 北京公安局長向市民道歉," http://politics.people.com.cn(검색일 : 2005년 9월 29일).

는 차원에서 호구제도개혁을 검토하기 시작했다고 볼 수 있다.

2) 인대의 입장

전국인민대표대회(全國人民代表大會) 대표들은 2005년 전국인대 회의에서 호구제도가 노동력 시장의 형성, 도시화를 가로막는 걸림돌이며, 호구가 주택, 소비, 자동차 구매, 교육, 사회보장 등 다양한 이익과 직접적으로 연결되어 있기 때문에 도농격차를 유발하는 요인이라 지적하고, 호구 '허가제도'를 '등기제도'로 개정할 것을 제안했다. 또한 일부 대표는 호구제도의 전면적 폐지를 주장하기도 했다(廖華華 2005).[13] 전국인대 대표들은 호구제도가 '도농 간 지역차별'로 인하여 수많은 농민 및 농민공의 빈곤을 초래하며, 시장화 및 도시화를 가로막는 걸림돌이라 인식하고 있다.

그러나 전국인대와 지방인대는 호구제도개혁에 관해 입장의 차이를 보인다. 베이징시 인민대표대회에서는 베이징 인구 급증으로 인한 에너지 부족을 이유로 베이징 인구를 제한하기 위해 학력수준이나 경제적 수단 등 외지인 진입 기준을 강화해야 한다는 주장이 제기된 바 있다.[14] 베이징 인대는 2008년 올림픽 개최, 농민공 증가로 인한 사회 안정 위협 등 치안유지 문제, 환경오염 문제 등을 고려하여 호구제도 폐지에 대해 다른 지역보다 민감하다고 볼 수 있다.

위의 신중한 입장에도 불구하고 2006년 베이징시의 호구개방 조건이 대폭 완화될 가능성이 커지고 있다. 베이징시의 장쭈더(張祖德) 인사국 부국장은 2006

---

13 "不如早改 戶籍制度已成解決三農問題一大障碍,"『中國經濟時報』(05/03/18) ; "戶籍改革路在何方,"『人民日報 海外版』(04/10/08).
14 "北京戶籍人口超1170萬 市人大建議提高進京門檻," www.china.org.cn (검색일 : 2005년 9월 3일).

년 1월 16일 기자회견에서 "지금까지는 학력, 직위, 재력, 신분 등 네 가지 기준에 따라 베이징 호구를 부여했지만 앞으로는 직장 경력 등 다양한 기준에 따라 평가해 호구를 부여하여 호구개방의 폭을 확대할 방침"이라고 선언했다(『동아일보』06/01/19).15

3) 학자의 입장

학자들은 호구제도개혁에는 기본적으로 동의하지만, 개혁의 속도, 범위를 둘러싸고 서로 다른 의견을 제기해 왔다. 첫째, 칭화(淸華)대학 리창(李强) 교수는 점진적 호구제도개혁 및 대도시호구개혁 반대 입장을 주장했다. 즉 "호구제도는 중국이 사회를 관리하고 사회질서를 유지하는 가장 효과적인 제도이므로 개혁은 신중하고 점진적인 방식으로 추진해야 한다. 일시에 호구제도를 폐지하면 인구집중이 심한 베이징, 상하이, 광저우 등 주요 대도시는 교통, 주택, 교육, 상수도 등 심각한 도시문제에 직면하게 될 것이다. 따라서 몇 개 지역에서 실험적으로 호구제도개혁을 실시한 후, 각 성의 현실적 상황을 고려하여 지역별로 다르게 개혁해야 한다."16

둘째, 호구제도 폐지를 강력히 주장하는 학자들의 논리는 다음과 같다. 우선 인민대학 정예푸(鄭也夫) 교수는 "개혁기 시장경제의 확산에 따라 배급제가 폐지되자 호구제도는 농민 이농, 인재 이동 등을 막을 수 없게 되어 그 기능이

---

15 베이징에서 호구개방 추세는 외지인을 '외래인구' 대신 '유동인구'로 개칭하자는 주장에서도 엿볼 수 있다. 이런 변화는 외지인을 정부의 '관리 통제'의 대상에서 '평등, 존중, 서비스의 대상'으로 인식하는 사고의 전환을 보여주는 것이라 볼 수 있다. 劉英才, "流動人口: 北京 '外來人口' 改稱 '流動人口' 體現平等尊重," www.chinapop.gov.cn (검색일: 2005년 7월 24일).
16 "北京工作綠卡越來越好拿嗎," 『北京靑年報』(01/08/20).

이미 정지되었다. 이런 상황에서 호구제도를 유지할 이유가 없다"고 했다.17 베이징대 천돤훙(陳端洪) 교수 역시 "주민을 등급화 하는 현행 호구제도는 국민의 정치적 권리를 제한할 뿐 아니라 국가의 자원배분 차원에서도 불공평하므로 당연히 폐지해야 한다"고 지적했다.18

셋째, 호구 변경 없이 인재의 자유로운 이동을 허용해야 한다는 입장도 있다. 즉 "인재 배치를 효율화하기 위해 호구는 이전하지 않고 인재 이동의 자유는 허용하는 방향으로 호구제도개혁이 필요하다. 현행 호구제도는 이미 기능이 약화되었고, 인구조사를 해 보면 호구 등록지와 실제 거주지의 분리(人戶分離)가 보편화되고 있다. 따라서 호구의 역할을 인구통계를 파악하는 것으로 국한시켜 인재 이동을 허용해야 한다."19

위의 세 가지 입장 모두 호구제도개혁을 반대하는 것이 아니라 호구개혁 시기와 방법을 둘러싸고 의견의 차이가 있을 뿐이다. 세 입장 모두 호구제도를 거주이전의 자유 및 권리와 의무의 평등을 보호하고, 인재 양성 및 자유로운 노동력 시장 형성에 적합하도록 개혁해야 한다는 점에서는 일치한다.20

정리하면 공안부, 인대, 학자 등 중국사회 각계에서는 다음 네 가지 이유를 들어 호구제도개혁이 불가피하다고 인식했다. 첫째, 호구제도는 농민의 노동자화를 금지하므로 농촌의 소비시장 형성·농업 현대화에 불리하며 농촌빈곤을 악화시킨다. 둘째, 호구제도는 인구이동을 금지하여 노동력 시장 형성을 방해하므

---

17 "北京工作綠卡越來越好拿嗎"; "北京戶口門檻高 老板身家800萬戶口才能進京,"『北京靑年報』(01/10/15).
18 "全國11個省市開始統一省鄕戶口 北京暫未列其中,"『北京晩報』(05/10/28).
19 "北京工作綠卡越來越好拿嗎." 베이징의 호구 등록지와 실제 거주지의 분리에 관한 자세한 내용은 다음 참조. "出現人戶分離 北京2008年人口突破1600萬,"『北京靑年報』(02/10/09).
20 호구 개혁 필요성에 관한 자세한 내용은 다음 참조. 王海光,"城鎭化進程中的戶口制度改革硏究," www.dajun.com.cn/hujigg.html (검색일: 2002년 9월 1일); 李若建(2003), 陳成文·孫中民(2005).

로 시장경제 발전에 부적합하다. 셋째, 호구에 따라 시민과 농민의 사회·경제적 지위가 불평등하므로 호구는 행정수단에 의한 지역차별정책이다. 넷째, 농민공의 급증이 보여주듯이 호구제도는 이미 인구이동 금지기능을 상실했다.

3. 호구개혁 배경 I : 시장과 제도의 충돌

1990년대 중반부터 호구제도개혁 논의가 본격적으로 제기된 배경은 중국 정부의 '위로부터의 개혁'과 중국 인민들의 밑으로부터의 '자발적 집단행동'(collective action)이 복합적으로 작용한 결과라고 볼 수 있다. 아래에서는 '위로부터 개혁'은 시장화 및 도시화, '자발적 집단행동'은 농민 이농 급증으로 인한 행정 통제 약화 및 농민공의 집단저항을 중심으로 호구제도개혁 논의 배경을 살펴보고자 한다.

1) 시장화

호구제도는 계획경제·배급경제 아래서 시민을 관리하기 위해 만든 사회통제제도였다. 그러나 개혁 이후 1990년대 초부터 시장화에 따라 배급경제가 폐지되어 도시에서 외지인이 비공식적으로 거주할 수 있는 '경제적 독립 공간'이 생겨났으며, 단위 밖에서 저렴한 노동력에 대한 수요가 급증하자 정부의 통제 밖에서 비공식적인 인구이동이 증가하기 시작했다. 1990년대 초부터 급증한 대규모 농민공은 1990년대 중반부터 호구제도의 기능을 약화시키기 시작했다. 그 결과 개혁기 호구제도는 시장경제의 확산에 따른 사회적 변화를 수용하지 못하

게 되었다.[21]

2000년대 초 베이징에서 발표된 호구변경 및 국내 이주에 관한 네 가지 정책지침은 다음과 같다. 첫째, 엄격한 통제(嚴重控制) : 농촌에서 도시로(삼림과 광업 지역 포함), 다른 도시에서 베이징·상하이·톈진으로의 호구 이전은 가능한 한 엄격하게 통제해야 한다. 둘째, 적절한 통제(適當控制) : 현에서 도시로, 소도시에서 대도시로, 향진에서 도시 및 현 근교의 국영농장, 특화된 채소재배지역, 현금작물 재배지역으로의 이주는 적절하게 통제해야 한다. 셋째, 불간섭(不干控制) : 도시 및 현에서 향진으로, 도시에서 현으로, 대도시에서 소도시로, 비슷한 규모의 도시 간, 현 간, 향 간의 호구이전은 결혼 등 적절한 이유가 있다면 허용해야 한다. 넷째, 이주 장려(鼓勵流動) : 도시 및 현에서 향으로, 내륙에서 변방으로, 기술이 풍부한 지역 및 단위에서 그렇지 못한 지역으로의 대학졸업자나 전문가의 호구이전은 다양한 방법으로 장려되어야 한다(Wang 2005, 90).

이러한 2000년대 초 중국 정부의 호구이전 지침 방향은 다음 내용을 통해서도 확인할 수 있다. "중국은 인구 분산을 장려해야 한다. 주요도시로의 이주는 어렵고 소도시로는 쉽게, 도시와 현으로의 이주는 어렵고 향으로는 쉽게, 동남쪽으로의 이주는 어렵고 서북으로는 쉽게, 경제적으로 발전한 지역으로의 이주는 어렵고 예전 혁명기지·소수민족지역·변방·빈곤지역으로는 쉽게, …… 유능한 인재의 이주는 쉽고, 단순 노동자의 이주는 어렵게, 전문가의 재배치는 쉽고 일반 노동자는 어렵게 해야 한다. …… 특히 단순노동자의 맹목적인 이동을 막아야 한다"(Wang 2005, 91).

위의 호구이전 지침을 반영하여 외지인 중 경쟁력 있는 자본가 및 유능한 인재에게는 대도시호구를 개방하기 시작했다. 1990년대 중반 이후 본격적으로 시장경제가 확산되자, 시장경쟁 원리가 중국사회를 지배하게 되었다. 호구제도

---

21 시장화에 따른 호구개혁에 관해서는 Wang(2004, 116-121) 참조.

역시 시장에서 경쟁력 있는 인구의 이동은 허용하는 방향으로 개혁되기 시작했다. 특히 2001년 WTO 가입 후 시장개방과 외국인 투자확대로 노동력시장에서 인재 유치 경쟁이 치열해지자, 호구개방에 가장 미온적이었던 베이징도 다음과 같은 호구개혁에 착수했다.

첫째, 〈베이징시정부 규정〉(北京市促進私營個體經濟發展條例)에 근거하여, 베이징시 공안국은 2001년 10월 1일부터 베이징에서 사업하는 외지인 기업가에게 베이징 '상주호구'(常住戶口)를 발급하기 시작했다. 베이징시내 8개 구(區)에서 상주호구를 신청하려면 다음과 같은 자격조건이 필요하다. 즉 베이징시에 위치한 자기 소유 기업의 연간 납세액이 3년 연속 인민폐 80만 위안 이상이거나 3년 동안 총 납세액이 인민폐 300만 위안 이상이어야 한다. 그리고 기업 직원 중 베이징인이 3년 연속 100명 이상이거나 직원 총수의 90% 이상이 베이징인 경우이다. 이런 조건에 부합하는 외지인은 본인, 배우자, 직계 미성년 자녀 한 명의 상주호구를 거주지 공안국에 신청하여 발급받을 수 있다.[22] 그러나 이런 베이징시의 호구개혁은 납세액, 베이징인 채용인원 수 등에 대해 지나치게 높은 기준을 적용했기 때문에 극소수 성공한 외지인 기업가를 제외하고는 사실상 호구 획득이 어렵다는 지적도 있다.

또한 2003년 6월 4일 『법제일보』 보도에 의하면, 후베이성 우한(武漢)시 공안국은 외지인이 우한시 시 중심에 상품주택을 구입하면, 2003년 6월 6일부터는 '녹색호구'를 거치지 않고 직접 우한시 상주호구를 발급하기로 했다. 동시에 그동안 실시해 온 녹색호구제도는 폐지된다.[23]

---

[22] "北京市公安局開始受理私企老板申請北京戶口,"『北京晨報』(01/10/26); "來京投資私企人員辦理北京常住戶口試行辦法公布,"『北京經濟報』(01/10/09); "私企老板如何上北京戶口,"『北京晚報』(01/10/01); 阿良, "誰是最需要北京戶口的人,"『千龍新聞網』(01/10/05), www.china.org.cn (검색일: 2005년 9월 3일).
[23] "取消藍印戶口制度 武漢戶籍制度改革又邁一步,"『法制日報』(03/06/04). 우한시는 1997년부터 상품주택을 구매하면 녹색호구를 발급하는 정책을 실시한 바 있다. 시 중심 지역에 주택면적 120평

둘째, 베이징시는 도시발전을 위해 시장에서 경쟁력 있는 '유능한 인재'를 흡수하기 시작했다. 즉 베이징시는 2001년 8월 16일 부국장급 간부 공개선발 계획을 발표하면서 응시자격요건에 "베이징시 호구를 가진 자"라는 조건을 삭제하여 채용의 자율성을 확대했다.[24] 이미 베이징시는 인재유치를 위해 1998년 6월부터 전문직에 한하여 '근무기거증' 제도를 실시한 바 있다. 베이징시 첨단산업 혹은 다국적 기업 본사 및 연구센터에서 일하는 외지인은 일정 조건에 부합하면 '베이징시 근무기거증'을 발급받을 수 있다. 이 증명서 소지자는 주택구입, 자녀의 유치원 및 초·중 교육 등에서 베이징시민과 동등한 대우를 받는다. 또한 근무기거증 발급 후 3년이 지나면, 기업을 통해 정식호구를 신청하여 시 인사국이 허가하면 베이징시 정식호구로 변경할 수 있다.[25] 이처럼 전문직에게 베이징 호구를 개방한 이유는 시장화 과정에서 이미 외지인 고급인재의 베이징 취업이 증가했기 때문이다. 2002년 현재 베이징 중관춘의 경우 신입사원 중 베이징 호구가 아닌 사람이 63%였다.[26]

위에서 살펴본 바와 같이 호구개혁에 가장 보수적이었던 베이징에서도 시장화에 따른 호구개혁은 대세가 되고 있다. 베이징시는 호구제도를 유지하여 시장에서 경쟁력 없는 인구의 집중은 피하면서, 선별적 호구개방을 통해 시장에서 경쟁력 있는 자본가 및 전문가를 받아들여 효율을 극대화하는 양면정책을 채택하고 있는 셈이다.

방미터 혹은 인민폐 30만 위안 이상의 상품주택을 구입하면 우선 녹색호구를 발급하고, 3년 후에는 다시 정식 상주호구를 발급했다. 2000년부터 녹색호구를 상주호구로 변경하는 기간은 1년으로 단축된 바 있다. "取消藍印戶口制度 武漢戶籍制度改革又邁一步,"『法制日報』(03/06/04).
[24] "北京人事局新規 : 招聘廣告取消北京戶口限制,"『北京晨報』(01/08/22) ; "招聘不限北京戶口不意味着戶口制度松動,"『北京靑年報』(01/08/23) ; "北京戶口改革四步曲,"『中國經濟時報』(01/08/28).
[25] "中國戶口管理制度變遷,"『中國經濟報』(01/06/26). 2001년부터 중관춘 첨단 신기술 인원에게 발급해 온 증명서의 명칭이 '기거증'(寄住證)에서 '거주증'(居住證)으로 변경되어 차별적 색채가 약화되었다. "北京戶籍改革四步曲,"『中國經濟時報』(01/08/28).
[26] "中關村綠用員工沒有戶口限制,"『新華社』(02/12/27).

한편 2003년 후진타오 체제 아래서 호구제도개혁 논의가 본격화된 배경에는 노동력 시장의 수급 변화도 큰 몫을 했다고 볼 수 있다. 2004년부터 광둥성 주장 삼각주와 저장성 등 연해지역 일부 도시에서 노동력 수급 불균형[소위 '농민공 부족'(民工荒)] 문제가 발생했다. 노동력 부족 문제가 가장 심각했던 주장 삼각주 지역은 전체 노동력의 약 10%에 해당되는 200만 명이 부족했다. 특히 저임금이며 노동 강도가 높은 완구 및 신발 제조업, 방직 및 의류제작업, 전자제품 조립 업종의 노동력 부족이 심각했다. 따라서 많은 언론 매체에서 농민공 노동력 부족으로 인한 임금상승을 보도하기 시작했다.27 이런 농민공 부족은 중국의 일부 지역에 국한된 현상으로, 주요 원인은 저임금이었다. 즉 월급 700원 이하 기업은 노동자를 구하기 어렵고, 월급 700~1000원 사이 기업은 간신히 노동자를 구할 수 있으며, 월급 1000원 이상이면 노동자를 구하는 데 아무 문제가 없었다(『中國靑年報』 05/06/29).

광둥성 전체에서 2004년 약 200만 명의 노동력이 부족해지자, 광둥성 경제발전을 인식한 광둥성 지방인대 대표와 정협위원이 농민공 문제를 주요 화제로 삼기 시작했다. 광둥성 노동력 시장에서 장기간 저임금이 유지되었기 때문에 농민공 부족 현상이 발생했다는 인식이 당시 지배적이었다. 따라서 다음과 같은 해결방안이 제기되었다. 첫째, 기업에서 임금 수준 및 복지대우를 개선하는 것이다. 광둥성 총노동조합(總工會)의 조사에 의하면, 농민공은 임금 상승 외에 기업이 각종 사회보장금을 제공해야 한다고 생각한다. 둘째, 정부는 다양한 방법을 동원하여 학교가 시장에서 부족한 인재를 양성하도록 독려해야 한다. 또한 노동력의 원활한 공급을 위해 불합리한 정책 및 규정을 개선하거나 폐지해

---

27 연해 일부 지역에서 농민공 노동력 부족의 원인에 관한 자세한 내용은 다음 참조. 莫榮(2004, 265-272) ; "民工潮來了民工荒也來了: 開年杭州民工就缺二萬," http://zjc.zjol.com.cn (2005年2月 22日, 검색일 : 2005년 7월 24일) ; 정종호(2005, 216).

야 한다. 셋째, 농민공의 최저임금 보장 및 상승, 노동환경 개선, 건강 보장 등이 필요하며, 정부는 이런 문제를 해결하기 위해 불합리한 고용규정을 폐지하고 최저임금 기준을 향상하는 조치가 필요하다.28 이런 노동력 부족 문제를 해결하기 위해 지역 기업가들이 지방정부에 대책을 요구했으며, 그중 하나가 호구제도개혁으로 나타났다고 볼 수 있다.

2) 도시화

후진타오 정부는 사회적 불균형을 해결하는 것이 지속적 성장에 필수적이라 인식하고, 농촌문제를 해결하는 대안으로 도시화 정책을 제시했다. 2005년 10월 후진타오 총서기는 제11차 5개년 계획(規劃)에서 '과학적 발전관' 및 도농간 빈부격차 해소를 위한 '사회주의 신농촌 건설' 및 '도시화 정책'을 제시한 바 있다(지만수 2005 ; Josephine Ma 2003). 도시와 농촌을 이원적으로 분할하는 호구제도는 농민의 노동자화·시장화를 막았기 때문에 '호구 단일화'를 추진해 왔다. 2003년부터 도시화 정책을 추진하기 위해 광둥성, 허난성, 충칭 등지에서 도시와 농촌호구의 이원적 구분을 폐지하는 '단일호구제도'를 실험적으로 실시하기 시작했다. 광둥성은 광저우와 선전 두 도시를 제외하고 광둥성 전 지역에서 호구부(戶口簿)에 '호구성질'(戶口性質 : 농업호구와 비농업호구의 구분)을 기입하는 것을 폐지하여 시민과 농민 간의 호구 구분이 사라지기 시작했다.29 2004년에는 단일호구제도가 점차 선전 및 기타 도시까지 확대되었다. 선전시는 2004년 10

---

28 "廣東勞動力出現短缺 爲化解 "招工難" 獻策,"『人民日報』(05/02/22).
29 陳端, "廣東省戶口制度改革: 一个了不起的進步,"『法制日報』(03/03/28) ; "不如早改 戶籍制度己成解決三農問題一大障碍,"『中國經濟時報』(05/03/18) ; "戶籍改革路在何方,"『人民日報(海外版)』(04/10/08).

월 31일까지 선전시에 거주하는 27만 명의 농업호구를 모두 도시호구로 변경하여 주민(居民)화 하겠다고 발표했다.[30] 광둥성 상무 부성장도 광둥성이 도농분리를 타파하고 단일호구제도를 실시하여 농민의 노동자화를 장려하고, 도시와 농촌의 조화로운 발전을 촉진할 계획이라 했다.[31]

인구 집중 우려가 높은 수도 베이징은 보다 신중하고 선별적으로 베이징 농민에게 호구를 개방하기 시작했다. 즉 "베이징 근교의 위성도시 및 소도시에서 합법적이고 안정된 거주지, 직업 및 생활기반이 있는 베이징 농민은 본인이 희망하면 도시호구로 변경할 수 있다. 베이징시 공안국에 의하면, 베이징시 14개 위성도시와 33개 중심진(中心鎭) 농민이 합법적인 고정된 거주지, 안정된 직업과 생활기반이 있고, 2년 이상 거주한 경우 본인 및 동거하는 직계가족은 본인이 원하면 베이징시 상주호구를 획득할 수 있다. 베이징시 호구로 변경하면 자녀의 입학, 군 입대, 취업 면에서 도시주민과 동등한 대우를 받게 된다. 농업호구를 도시호구로 변경하더라도 토지 임대기간 동안 임대농지(承包地)와 개인소유지(自留地)는 반환하지 않아도 된다."[32]

도시화 정책에 의한 농민의 노동자화는 WTO 가입 이후 중국 농촌의 실업 및 빈곤화 문제를 완화하기 위한 사전조치의 성격이 강하다. WTO 가입에 따라 2006년까지 이행해야 하는 합의조항(농산물 수입관세 인하, 농산물에 대한 국가 보조금 삭감 및 수출 보조금 폐지 등)은 수백만 명의 농민 노동력을 실업자로 만들 것이

---

30 "深圳完全取消農村戶口的有限意義," www.china.org.cn (검색일 : 2005년 9월 3일). 2004년 4월 청두(成都)시, 6월 난징(南京)시, 7월 광둥성 포산(佛山)시에서도 농업호구와 비농업호구의 구분을 폐지하고 통일적으로 '주민호구'를 발급한다고 발표했다. 2003년 9월 9일 산둥성 린이시(臨沂市) 공안국도 농촌호구를 취소하고 주민호구로 통일적으로 등록한다고 밝혔다. "深圳完全取消農村戶口的有限意義."
31 "廣東將打破城鄕分割實行城鄕統一的戶籍制," www.china.org.cn (검색일 : 2005년 9월 3일).
32 "'農轉非' 戶口將成歷史 北京戶籍制度進一步松動,"『揚子晚報』(01/10/24) ; "北京戶籍改革 : 正式放寬農轉非條件,"『北京晨報』(03/04/02).

다. 따라서 중앙 정부는 농촌에서 도시로 노동력 이동을 허용하여 농민의 불만을 잠재우고 도시의 노동력 시장을 확대하려 할 계획이다(Becquelin 2003 ; 王海光 2002). 도시호구개방에 의한 농민의 도시노동자화는 농민에게 일종의 탈출구를 열어주는 효과가 있으므로 농촌에서 집단저항을 완화하는 효과를 기대할 수 있을 것이다. 그러나 도시화 정책은 농민의 실업 문제를 완화하는 대신 도시의 실업문제를 악화시켜 농촌문제를 도시문제로 변화시키는 등 새로운 도전에 직면할 가능성도 배제할 수 없다.

4. 호구개혁 배경 Ⅱ : 국가-농민공 관계변화

1) 위로부터의 행정 통제 약화

개혁기 농민의 집단행동은 1990년대에는 농촌탈출로, 2000년대에는 도시에서 사회차별에 대한 집단저항으로 표출되었다. 농민의 농촌 탈출은 그들의 사회적 위치를 '농민'에서 '농민공'으로 변화시켰다. 1992년 덩샤오핑의 남순강화 이후 개혁·개방정책이 가속화되자 도시에서 노동력의 수요가 확대되어 농민공이 급증하기 시작했다. 특히 1993~1994년 민공조가 최고조에 이르렀다. 예컨대 상하이시 농민공은 1994년 말 300만 명을 초과했고, 베이징시 농민공은 1994년 11월 조사에 의하면 287만 7천 명으로 1990년의 131만 명에 비해 2.2배 증가했다(王建民·胡琪 1996, 39-40).

이처럼 대도시에서 비공식적으로 체류하는 농민공이 급증하자 호구제도 아래서는 농민공을 행정적으로 통제할 수 없는 문제가 발생했다. 이에 중국 정부는 1995년부터 대도시로의 '이농금지'(귀향조치)에서 '이농 불가피'(임시거주증, 취업증 발급)로 인식을 바꾸었고, 대도시 농민공의 증가를 효과적으로 관리하는 방안을 모색하기 위해 호구개혁이 논의되기 시작했다. 예컨대 베이징시는 1995년 초 농민공에 대한 관리를 강화하기 위해 특단의 조치가 필요하다고 천명했다. 농민공 관리정책의 근본적이고 체계적인 변화의 필요성을 인식한 베이징 정부는 1995년 4월 농민공 관리를 위한 정부법규를 제정, 6월에 선포했다. 1995년 7월 푸젠성 샤먼(廈門)에서도 전국 농민공 관리회의가 열렸고, 농민공의 유입지와 유출지에서 관리를 강화하는 정책을 채택했다(이민자 2001, 17-18, 196-197 ; Hein Mallee 2000, 91 ; 馬洪·孫尙淸 主編 1996, 165 ; 정종호 2002, 261-262, 265).

현행 호구제도 아래서 농민공의 자발적이고 비공식적인 이농은 현지 정부의 주민통제 약화라는 심각한 사회통제 문제를 유발했다. 인구이동을 금지해 온 호구제도는 인구이동의 급증이라는 사회적 변화를 수용하지 못하여 행정적 공백지대가 발생했다. 그 결과 호구제도개혁 분위기가 조성되었다. 농민공이 급증했던 1994년부터 중소도시를 시작으로 호구제도개혁 논의가 본격화되었다. 호구제도개혁이 가장 빨랐던 광둥성 선전시의 경우 1994년 농민공이 현지인보다 2.6배나 많았다. 1997년 노동국 통계에 의하면, 선전시 호구인구는 109만 명에 불과한 반면 농민공은 등록한 인구 280만 명과 미등록 인구 약 100만 명을 포함하여 약 380만 명(현지인의 약 3.5배)으로 추정되었다. 선전 기업에서는 농민공이 없으면 외자기업 유치가 위협받는 수준이었다(時憲民 1999, 114).[33] 따라서 선전처럼 농민공이 현지인보다 다수인 도시에서는 호구에 기초한 행정 통제 문제가 더욱 심각해졌고, 도시주민 관리차원에서 호구개혁이 불가피했다.

농민공의 저렴한 노동력이 필요했던 선전시는 이들을 추방하는 대신 '관리'

---

[33] 1994년 광둥성 주장 삼각주 지역 주요도시의 농민공 및 현지인 인구통계에 관해서는 다음 참조. 廣東外來農民工聯合課題組(1995, 112-114). 호구제도로 인한 행정 통제 공백에 대한 자세한 내용은 다음 참조. "北京戶籍改革四步曲,"『中國經濟時報』(01/08/28).

하기 위해 가장 먼저 호구제도개혁을 추진했다. 선전시는 농민공을 행정적으로 통제하기 위해 1996년 1월 1일부터 녹색호구(藍印戶口)정책을 실시하기에 이른다. 1998년 3월말 선전시 녹색호구 소지자는 3만 7천 명, 녹색호구를 상주호구로 바꾼 외지인은 7천 명에 달했다. 선전시와 비슷한 상황이었던 광저우시도 1998년 3월 녹색호구제도를 실시하기 시작했다.[34]

2005년 광저우에서 일정 조건에 부합하면 외지인에게 상주호구를 발급하기 시작한 후 점차 외지인이 정식 시민권을 취득하는 추세이다. 광저우는 2005년 〈광저우시 유동인구 권익보장 및 관리규정〉(廣州市流動人員權益報障與管理規定)을 제정하여 10월 1일부터 시행하기로 했다. 이에 따라 유동인구가 광저우에 7년 이상 지속적으로 상주하고 '일정 조건'에 부합되면 본인 및 그 미성년 자녀는 상주호구를 신청할 수 있다. '일정 조건'이란 유동인구 및 그 미성년 자녀가 불법기록이 없다는 전제 아래 7년 이상 상주하고 시내에 본인의 고정된 거주지가 있고, 합법적 취업 혹은 상업 활동을 증명해야 함을 의미한다. 또한 1년 이상 상주한 유동인구는 자녀의 공립학교 의무교육 및 경로우대증을 신청할 수 있다.[35] 외지인 비율이 높은 광저우는 호구제도개혁의 가장 선두에 서서 외지인에게 호구를 개방하는 실험을 하고 있는 셈이다. 광저우시는 이런 호구개방을 통해 외지인을 행정적으로 통제해 왔다.

한편 호구개혁과 관련하여 주목할 만한 최근 변화는 농촌인구의 무분별한 도시 진입을 막기 위해 시행되었던 임시거주증 제도가 폐지되어 거주이전의 자유가 현실로 다가온 것이다. 임시거주증 제도는 1995년부터 농민공을 행정적으로 통제하기 위한 임시방편으로 중국의 주요도시에서 실시하기 시작했으나, 효과를 거두지 못하자 점차 취소되어 가는 추세다. 랴오닝성 선양(瀋陽)시에서는

---

[34] 리핑(李平), 『베이징저널』 125호(1998).
[35] 余安, "廣州規正流動人員連住七年可申領戶口," www.china.org.cn (검색일 : 2005년 9월 3일).

2003년 7월 22일부터 외지인 신분증인 임시거주증을 폐지하고, 새로 〈주민신분증법〉을 제정하여 2004년 1월 1일부터 컴퓨터 칩이 내장된 신규 신분증을 발급했다. 임시거주증 제도의 폐지는 외지인의 도시거주를 보다 자유롭게 하여 호구제도의 전면적 개혁으로 이어질 전망이다. 왜냐하면 임시거주증 제도는 농민공의 무분별한 도시 유입을 막기 위한 대도시 정부의 주요한 통제수단이었기 때문이다(정종호 2005, 220-221 ; 『조선일보』 2003/07/25 ; 『동아일보』 03/07/24).36

2) 밑으로부터의 집단저항

중국 언론매체의 농민공에 대해 우호적인 보도는 호구제도개혁에 유리한 환경을 조성했다. 2000년대 초부터 중국 언론매체는 공산당의 입이 아니라, 소외된 사람들의 생활이 사회적 이슈가 되도록 보도해야 한다는 역할을 자각하기 시작했다. 예컨대 2003년 후진타오 정부가 등장한 후 그 해 4월 '쑨즈강(孫志剛) 사건'이 인터넷을 통해 전국적으로 확산되면서 사회적 이슈가 되자 호구제도의 불합리성 및 농민공 문제가 사회 전면으로 부각되었다.37 또한 빈곤한 농민공 자녀의 학비를 돕기 위해 『신경보』(新京報), 중국청년기금회(中國靑基會), 베이징청년기금회(北京靑基會)가 공동으로 모금운동을 했다. 이처럼 언론매체와 각

---

36 중국 정부는 1985년 호구제도의 통제 밖에 방치된 농민공을 관리하기 위해 '임시거주증제도'를 실시했다. 임시거주증은 주기적으로 농민공을 도시에서 정리하여 그 수를 조절하는 수단으로 이용되었다. 중국 정부는 1999년 건국 50주년 행사를 하기 전 임시거주증 검사를 통해 임시거주증이 없다는 이유로 베이징의 많은 농민공을 고향으로 강제 추방했다. 임시거주증은 발급하는 데 적지 않은 수속비가 들기 때문에 농민공들은 발급을 기피하고 신분증 검사를 피해 다녔다. 임시거주증은 농민공의 도시진입 비용을 높여 불법 도시거주를 억제하고, 농민공을 행정적으로 통제하기 위한 제도였다(이민자 2001, 203-207 ; 정종호 2002, 294-295).
37 '쑨즈강 사건'에 대한 자세한 내용은 다음 참조. 이민자(2004, 209-212).

종 단체가 농민공의 생존 및 이익대변을 위해 그들의 생활상을 보도함으로써 호구제도의 폐단에 주목하는 사회적 분위기가 조성되었다.[38]

이처럼 농민공에 대한 정부 및 사회의 관심이 집중되는 시점에 농민공의 집단저항이 시작되었다. 그동안 사회차별에 침묵을 지켰던 농민공이 공개적, 폭력적으로 저항하는 사례가 증가했다. 2004년 12월 광둥성 둥관(東莞)시 시위는 사소한 오토바이 교통사고가 발단이 되었으나 농민공이 합세하여 약 5만여 명이 참여하는 대규모 시위로 확대되었다. 이런 농민공의 집단저항은 사회적 약자 보호 및 사회 안정을 우선시하는 후진타오 정부의 시정방침과 맞물려 사회적 이슈화되기 시작했다.

특히 2003년 임금체불로 인한 농민공의 공개적인 저항이 갈수록 잦아지고 격렬해졌다. 밀린 월급을 받지 못하고 빈손으로 고향에 돌아가는 농민공이 기차에서 뛰어내려 자살을 기도하는 사건이 자주 발생하여 철도청을 긴장시켰다. 2003년 1월 구이저우성에서 23세의 농민공이 고향으로 돌아가 28명을 찌르고, 적어도 5명을 죽인 사건은 정부를 놀라게 했다(Josephine Ma 2003). 또한 2003년 1월 수백 명의 농민공이 밀린 임금을 받기 위해 베이징의 한 고급 빌라단지 앞에서 문을 가로막고 임금을 요구하며 시위했다. 다른 농민공은 밀린 임금 인민폐 1,000위안 때문에 빌딩에서 투신자살을 기도했다가 다리가 부러졌다. 이에 베이징시 당국은 건축업자에게 일주일 내에 임금을 지불하도록 명령하고, 건축노동자의 불만을 처리하는 법률지원 사무소를 개설했다. 신화사가 베이징, 저장, 안후이 농민공을 조사한 바에 의하면, 72.5%가 임금을 받기 어렵고, 거의 1/3이 제때 임금을 받지 못했다고 응답했다(Wiest 2003a). 또한 2003년 1월 체불임금에 관한 전국적 조사에 의하면, 13,000건, 626,000명 노동자, 체불 임금 총액은 인민

---

38 "流動人口 : 媒體關注流動人口體現社會的責任," www.chinapop.gov.cn. 中國人口网, 2004年 8月 25日 (검색일 : 2005년 7월 24일).

폐 3억 5천만 위안에 달했다. 광둥성 노동국은 매년 인민폐 4억 위안 이상의 임금체불이 발생한다고 평가하기도 했다(Becquelin 2003).

이처럼 임금체불에 대한 농민공들의 공개적인 저항이 증가하자 농민공 문제는 점차 공론화되었고, 정부에서도 해결책을 모색하기 시작했다. 예컨대 2003년 1월 국무원은 도시에서 농민공에 대한 차별적인 정책을 폐지하고 당국이 농민공의 권리와 이익을 보호해 줄 것을 당부했다. 공청단 대표들도 농민공이 2등 국민으로 대우받는 현실을 비판하고 공정한 대우를 촉구했다(Becquelin 2003 ; Wiest 2003b). 또한 베이징 정부는 임금체불로 인해 농민공이 자살을 기도하는 사건이 발생하자, 고용주가 설날 이전에 농민공의 밀린 임금을 지불하지 않으면 처벌한다고 발표했다. 민정부장도 중국의 1억 2천만 명 농민공의 권리가 보호받지 못하는 현실을 인정했다(Josephine Ma 2003 ; Gary Cheung 2003).

이런 현실을 고려한 듯, 중앙 정부도 농촌문제에 대한 전략적 지침으로 발표한 〈2004년 1호 문건〉(이하 〈1호 문건〉으로 약칭)에서 '농민공의 권익보호'를 강조했다. 즉 〈1호 문건〉에서 농촌 소득을 안정화하기 위해 농민공의 합법적 권익을 보장하는 것이 중요하며, 농민공의 공공서비스와 사회복지 수요를 공공재정에서 해결해야 한다고 지적했다. 또한 최저임금 이하의 임금 수준, 열악한 작업 환경 및 주거 조건 등을 예로 들면서 농민공이 사회보장제도의 사각지대에 있다고 지적했다(이일영 2005, 249-250).

농민공의 합법적 권익이 침해되고 있는 현실은 호구제도에 의한 '차별정책'과 밀접한 관계가 있다. 중국 정부는 1995년부터 베이징, 상하이 등 대도시의 농민공이 기존의 사회주의적 도시질서를 위협하지 않도록 관리하기 위해 농민공과 시민을 차별하는 정책을 실시했다. 첫째, 1990년대 중반부터 농민공의 도시진입이 급증하자 다양한 증명서 발급 규정을 만들어 농민공의 도시진입을 제한했다. 1994년 노동부는 농민이 외지 취업을 하기 전 반드시 외지취업증(外出務工證)을 발급받도록 했다. 1995년부터는 농민공이 합법적으로 도시에서 취업하기 위해서는 임시거주증, 취업증, 가족계획증 등 증명서를 발급받도록 했다 (이민자 2001, 203-207).[39]

둘째, 1997년부터 베이징, 상하이, 광저우 등 대도시에서 시민이 선호하는 직종에 농민공의 취업을 제한하여 노동력 시장에서 농민공과 시민 간의 불평등 경쟁구조가 생겨났다. 이런 농민공에 대한 직종제한으로 농민공은 주로 3D업종에 취업하게 된다.[40] 이에 따라 농민공의 임금 수준 및 노동조건이 극도로 열악해졌으며, 임금체불이 일상화되어도 법적 보호를 받을 수 없는 상황이 발생했다.

그러나 2000년대 들어 베이징 등 대도시에 취업한 외지인이 급증했으며,[41] '농민공 차별정책'에 대한 불만이 집단저항으로 표출되었고, 급기야 2004년에는 중앙정부가 〈1호 문건〉에서 농민공의 권익보호를 강조하기 시작했다. 이런 변화를 반영한 듯 베이징시도 2004년 농민공에 대한 법적 차별을 폐지하기 시작했다. 베이징시는 〈베이징시 외지인 취업자 관리규정〉(北京市外地來京人員務工管理規定), 〈베이징시 외지인 상업활동 관리 규정〉(北京市外地來京人員經商管理規定), 〈베이징시 외지인의 주택임대 관리규정〉(北京市外地來京人員租賃房屋管理規定), 〈베이징시 외지인 가정부 관리규정〉(北京市外地來京人員從事家庭服務管理規定) 등 28개 규정을 폐지했다. 이런 규정의 폐지로 외지인의 노무·취업·상업활동·주택임대·위생 등 다섯 가지 방면의 제한이 취소되었다.[42]

---

[39] "浙江取消民工就業緊箍咒停止執行外來工證卡制," http://zjc.zjol.com.cn (검색일 : 2005년 7월 24일). 농민공과 시민 사이의 제도적 차별에 관한 세부적 내용은 이 책 3장 참조.
[40] 상하이, 베이징, 광저우의 1995~1999년까지 농민공 관리정책에 관한 자세한 내용은 다음 참조. 이민자(2001, 200-212), 劉玲(2001, 128-129), 정종호(2002, 294-297).
[41] 2003년 베이징에 하루 이상 거주하는 외지인은 400만 명이 넘고, 그중 베이징에 취업한 외지인은 318.5만 명이었다. "北京 : 去年外來人口爲 409.5萬人 年輕人占 78.1%," www.chinapop.gov.cn (검색일 : 2005년 7월 24일).
[42] 馮瑛冰, "流動人口: 北京廢止外來人員務工管理規正等近30項政策規章," www.chinapop.gov.cn(검색일 : 2005년 7월 24일) ; 譚衛平, "流動人口: 北京立法計劃公布 外來人員來京務工五大限制將被取消," www.chinapop.gov.cn (검색일 : 2005년 7월 24일).

위에서 살펴본 바와 같이 농민공의 집단저항은 호구제도로 인한 그들의 사회적 불평등 및 차별 정책에 대한 중앙정부의 관심을 유도했으며, 점차 지방정부 차원에서 호구에 기초한 농민공 차별 규정을 폐지하는 분위기를 조성했다. 특히 호구개혁에 가장 보수적이었던 베이징에서까지 농민공 차별 규정을 폐지했다는 것은 호구에 의한 차별이 점차 무의미지고 있다고 해석할 수 있다.[43]

호구로 인한 차별 중 농민공의 가장 큰 걱정은 자녀를 도시에서 교육시킬 수 없다는 것이다. 그러나 농민공 자녀에 대한 교육차별도 점차 폐지되고 있다. 2005년 베이징시는 24만 명의 농민공 자녀에게 공립학교 입학을 허용했다. 펑타이구(豊台區) 공립 초·중교에서는 농민공 자녀의 입학을 허용했다. 순이(順義)·쉬안우(宣武)·차오양(朝陽)·시징산(石京山) 구 등은 농민공 자녀를 전문적으로 받는 공립학교를 개설했다. 공립학교가 농민공 자녀의 입학을 적극적으로 받아들이도록 하기 위해 교육행정을 개선하여 학생 수에 따라 지원금을 주는 정책도 검토 중이다. 이처럼 농민공 자녀의 공립학교 입학 허용 외에 대우 면에서도 베이징인 자녀와 등등한 대우를 받도록 하고 있다.[44]

이처럼 베이징시에서 농민공 자녀에게 공교육 기회를 허용하는 조치는 효과를 나타내고 있다. 베이징시 교육위원회 통계에 의하면, 2005년 말 베이징의 의무교육 학령기에 달한 농민공 자녀(流動兒童)는 37.5명이었고, 그중 62%는 공립 중학 및 초등학교에서 의무교육을 받고 있다. 또한 베이징시의 민공자녀학

---

[43] 2005년 1월 1일부터 저장성 취업국 역시 약 10년간 실시해 온 '외지인 취업등록증 제도'를 폐지하기로 했다. 외지인은 신분증만 있으면 항저우(杭州) 노동국 서비스센터나 인력자원 교류센터에 구직 등록을 할 수 있다. 이에 따라 외지인도 항저우인과 동일한 취업조건에서 구직활동을 하게 되었다. "浙江取消民工就業緊籤咒停止執行外來工證卡制"(2005).
[44] "我爲北京盖樓 北京幇我安 '家'-民工生活紀實," http://www.soufun.com(검색일 : 2005년 7월 24일). 한편, 차오양구의 3개 민공자녀학교(民工子弟學校)가 설립인가를 받았으며, 창평(昌平), 퉁저우(通州)구도 몇 개 민공자녀학교를 합법화시켰다. 이를 통해 민공자녀학교에서 농민공 자녀가 합법적인 정규교육을 받게 되었다. 2005년 이전 도시에서 농민공 자녀에 대한 공교육 차별에 관한 연구는 다음 참조. 史柏年 等(2005, 243-300), 李眞 主編(2005, 266-279).

교는 약 300여 개이며, 그중 교육부의 인가를 받은 학교는 58개이고 나머지는 무허가 상태에서 운영되고 있다(楊東平 2006, 156 ; 韓嘉玲 2003, 206-226). 이처럼 베이징 정부가 농민공 자녀에게 공교육을 허용한 것은 도시호구 소지자에게만 공교육 기회를 제공했던 틀을 해체하는 것으로 호구제도의 근간을 뒤흔드는 조치라 볼 수 있다.

호구제도개혁을 살펴 본 바에 의하면, 중국의 경제개혁은 사회변화 및 사회제도의 개혁이라는 의도하지 않은 결과를 낳았으며 중국 정부의 사회통제방식을 변화시키고 있음을 알 수 있다. 다음 〈표 4-1〉은 1990년에서 2005년까지 농민공이 집중되어 있는 중국의 주요 대도시(베이징, 상하이, 광저우, 선전)의 호구제도개혁 과정을 정리한 것이다. 이 표는 2000년대 호구개혁 실험 및 논의가 중소도시 및 성급 수준을 넘어 대도시로 확산되고 있음을 보여준다.

〈표 4-1〉 호구개혁 과정 (1990~2005)

시기 지역	1990~2000(관리 위주)	2001~2005(호구개방)
베이징	·베이징 외지인 호구 관리 규정(暫住證, 1995) ·베이징 외지인 취업자 관리 조례(北京市外地來京人員務工管理條例, 1995년 제정, 1997년 수정) 등 28개 차별규정 제정→외지인 직종 제한 ·전문기술자에게 근무거주증(工作寄住證) 발급(1998)	·부계(父系) 호구 계승 허용(2001) ·베이징 외지인 취업자 관리규정 등 28개 외지인 차별 규정 폐지(2004) ·조건에 부합되는 투자자에게 상주호구 발급(2001) ·외지인 고급공무원 시험 응시 허용(2001) ·농민공 자녀 공립학교 입학 허용(2005)
광동 (광저우, 선전)	·광동성 유동인구 관리규정(暫住證, 1995) ·외지인 직종 제한 (1997) ·1996년 선전(深圳), 1998년 광저우에서 녹색호구 실시	·외지인 직종제한 폐지(2004) ·광동성 단일 주민호구제 실시(2003) ·광저우 외지인에게 상주호구 발급(2005)
상하이	·상하이시 외지인 관리 조례(暫住證, 1996) ·외지인 직종 제한(1995) ·녹색호구 실시(1994)	·외지인 직종제한 폐지(2004) ·농민공 자녀 공립학교 입학 허용(2005)

출처 : 필자 작성 ; 劉玲(2001, 128-129) 참조.

이 장을 정리하면, 호구제도는 계획경제·배급경제 아래서 사회를 관리하기 위한 기본적 사회제도였다. 그러나 호구제도가 개혁 이후 시장화로 인한 사회 변화를 수용하지 못하게 되자 1994년부터 개혁 논의가 시작되었다. 이 장에서는 2000년대 호구제도개혁을 둘러싼 중국 내 지배 담론을 공안부, 인대, 학자 세 그룹의 입장을 중심으로 살펴보았다. 또한 호구제도개혁 논의의 배경을 시장화, 도시화, 농민공 증가로 인한 행정 통제 약화, 농민공의 집단저항이라는 네 가지 요인을 중심으로 설명했다.

2000년대 호구제도개혁에 대한 연구는 중국 정부의 이농민 수용정책이 '차별배제 모형'에서 '동화모형' 혹은 '다문화주의 모형'으로 변화되고 있음을 보여준다.45 예컨대 중국에서 모계에 따라 호구를 부여하던 혈통주의에서 후퇴하여, 호구개혁을 통해 일정기간 이상 거주한 이농민에게 호구를 부여하는 부분적인 '거주지주의'를 채택하기 시작했다. 또한 농민공에 대한 다양한 차별 규정들이 폐지되어 농민공도 점차 시민과 동등한 권리를 획득해 가고 있다.

중국의 사회제도개혁을 연구하는 과정에서 어려움은 정책 발표와 현실적 집행 간에 시기적 간격이 존재한다는 것이다. 특히 호구제도개혁은 현재 진행 중인 주제이기 때문에 실제 진행 현황이나 결과를 지역별 혹은 전국적 차원에서 소개하는 것이 현실적으로 많은 어려움이 따른다. 따라서 이 연구 역시 정부 발표 문건 및 개혁을 둘러싼 지배 담론을 분석하여 개혁 논의 현황 및 방향을 검토하는 수준에 머물 수밖에 없는 한계를 지닌다.

또한 호구제도개혁을 둘러싸고 중앙정부와 지방정부 간의 입장의 차이가 있기 때문에, 정책 발표가 바로 시행으로 이어진다고 단정하기 어려운 면이 있

---

45 이민자에 대한 사회통합 모형은 차별배제 모형, 동화모형(용광로, melting pot), 다문화주의 모형(샐러드 볼, salad bowl)의 세 가지 범주로 구분할 수 있다. 이에 관한 구체적 내용은 설동훈(2000, 135-136) 참조.

다. 중앙정부는 농촌문제를 해결하기 위한 도시화 과정에서 호구제도개혁을 주장하지만, 대도시의 지방정부는 도시의 기반시설 미비, 치안문제, 취업 문제 등을 이유로 들어 반대하는 입장을 견지해 왔다. 그러나 중국에서 중앙정부의 입장은 지방정부의 태도 변화를 수반하고, 점진적인 시행으로 이어졌던 사례를 보면, 호구개혁에 관한 중앙정부 차원의 논의도 실제 집행으로 이어질 가능성이 높다.

제5장
중국 농민공의 계층분화, 도시 빈민화, 주변화

1. 서론

　2002년 사회 안정을 중시하는 후진타오 체제가 등장한 후 중국 정부의 농민공에 대한 인식이 도시질서에 도전하는 불법체류자인 "통제의 대상"에서 도시건설에 공헌해 온 합법 체류자인 "서비스의 대상"으로 변화되었다. 이에 따라 농민이 도시로 진입할 수 있고(進得來), 정착할 수 있고(穩得住), 부유해질 수 있도록(富得起) 해야 한다는 분위기가 조성되었다. 또한 농민공이 도시생활에 적응하는 것은 농촌문제 해결, 도시의 각종 서비스업 발전, 사회통합에도 도움이 된다고 인식되었다.[1] 이런 인식변화는 대도시호구개방, 통일적 노동력 시장 형성, 업종 및 직종 차별 폐지 등 다양한 호구제도개혁으로 이어졌다. 그 결과 농민공은 '비합법 공간'에서 점차 '합법 공간'으로 들어오게 되었다.[2]

---

[1] 다음 글은 2000년대 농민공에 대한 중국 정부의 인식변화를 보여준다. "농민공은 경제발전 및 건설의 역군이므로 정부와 사회가 농민공 문제에 관심을 갖고 그들의 권익을 보호해야 한다. 농민공은 중국의 공업화, 도시 건설의 역군으로서 사회경제 발전에 공헌했으며, 경제개혁을 추진하는 힘이었다. 농민 이농은 농가수입 증대, 농촌 취업 및 산업구조 조정, 도시화 및 공업 발전에 공헌, 도시의 사회경제 발전에 기여했다." 國務院硏究室課題組(2006, 6-8, 61, 318) 참조.
[2] 2000년대 중국의 호구제도개혁의 주요내용에 관해서는 다음 참조. 이민자(2006, 55-78), 정종호(2005, 197-227).

그러면 중국 정부의 농민공 정책 및 호구제도개혁의 결과 농민공이 불법이농민에서 '시민'으로 정착해 가고 있는가? 특히 2000년대 초부터 정부의 농민공 정책 변화로 인해 농민공은 '불법이농민'의 신분에서 벗어나 시민화의 가능성이 열렸다. 또한 1990년대 중반부터 대도시에서 동향 관계라는 문화적 공유 자본에 의존하지 않고, 다양한 지역 출신의 농민공이 모여 사는 '집단 거주지'(聚居區)로서 '도시 속의 마을'(都市里的村庄)이 형성되는 추세다.[3] 이런 농민공의 도시거주 환경의 변화에 따라 동향촌 밖에서 생활하는 농민공의 시민화라는 주제는 더욱 주목받기 시작했다.

그럼에도 불구하고 '동향촌 밖 농민공'의 도시적응방식 및 시민화에 관한 체계적인 연구는 거의 없다.[4] 동향촌 내부의 농민공 사회계층분화 연구를 통해 경제적으로 성공한 농민공이 시민화되고 있다는 몇 편의 논문이 있을 뿐이다. 또한 소수 연구자만이 농민공의 직업, 경제적 지위, 출신지역(호구 소재지)에 따른 도시적응방식 및 국가와의 관계의 차이에 주목했다. 예컨대 솔린저는 내륙, 연해, 빈곤지역 출신 농민공으로 분류한 후 그들 간의 도시적응 방식의 차이를 설명했으며, 농민공의 도시 빈민화(New Urban Underclass)를 지적했다. 또한 호구제도에

농민공이란 농업호구 소지자로서 호적 소재지인 농촌을 떠나 도시 및 연해지역의 노동력 수요가 높은 지역에 비공식적으로 거주하며 주로 비농업에 종사하는 이농민을 지칭한다. 농민공 개념에 관한 자세한 내용은 다음 참조. 이민자(2001, 18), 江流·陸學藝 主編(1995, 116).
[3] 광저우에 형성된 스파이촌(石牌村)이 대표적인 예이다. 스파이촌은 다양한 유출지, 다양한 직업, 다양한 교육수준, 다양한 생활방식, 다양한 사회적 정체성을 가진 농민공으로 구성된 농민공 주거지역으로 등장하고 있다. 스파이촌은 도농 이원구조가 흔들리기 시작하고 단위제도개혁으로 많은 직종이 농민공에게 개방되기 시작하는 1994년부터 형성되기 시작되었다. 이 촌에 대한 자세한 연구는 다음 참조. 鄭孟烜 主編(2006), 劉夢琴(2001, 221-222), 정종호(2002, 278-280).
[4] 농민공의 도시적응방식 및 시민화에 관한 연구가 드물었던 이유는 2000년대 초까지 농민공에 대한 인식과 밀접한 관계가 있다. 즉 호구제도 아래서 농민공은 '불법적', '비공식적인' 사회집단이며, 사회주의체제에 대한 '위협요소' 혹은 '도전'이라는 말과 연결하여 인식되었다. 따라서 언제 도시에서 추방될지 모르는 농민공의 '도시적응'이나 '시민화'는 대부분 연구자의 관심 밖의 문제로 남았을 것이다.
농민공에 관한 기존연구 동향은 다음 참조. 韓俊(1995 ; 2000), 趙樹凱(1998), 李强(2001 ; 1999), 外來農民工課題組(1995), 王建民·胡琪(1996), 宋林飛(1995 ; 1996), 孫立平(1996).

의한 정책적 차별로 인해 국가공간 밖에서 생활하는 농민공의 시민화의 한계를 지적한 연구도 있다.[5] 그러나 이런 연구들은 2000년대 호구제도개혁에도 불구하고 농민공이 왜 시장의 힘을 기반으로 시민화되지 못하고 '주변화'(marginality) 혹은 '도시 빈민화'되는지에 대한 체계적인 연구로는 한계가 있다.

따라서 이 장에서는 기존 연구의 한계를 보완하기 위해 '동향촌 밖에' 거주하는 농민공이 2000년대 호구제도개혁 및 차별정책 폐지 등 제도개혁으로 불법체류자 신분을 탈피하고 있는데도, 왜 주류사회에 편입되는 시민화에 실패하게 되는지를 설명하려 한다. 농민공이 도시에서 장기거주해도 '시민'으로 동화 혹은 통합되지 못하고 '주변화'되는 이유를 다음 몇 가지 요인을 중심으로 고찰할 것이다. 첫째, 제도개혁의 한계: 농민공과 시민 간의 차별정책이 일부 폐지되고 있으나 여전히 '농업호구'로서 시민과 불평등, 둘째, 경제적 빈곤: 이중적 노동시장에서 시민이 기피하는 3D업종에 종사하며 도시 빈민화, 셋째, 고립된 거주 공간: 도시 외곽의 농민공 집중거주지(城鄕村)에 거주, 넷째, 사회적 빈곤: 사회·문화적 차별로 인한 고립된 사회관계 등이다. 농민공이 주변화되는 이유는 위 네 가지 요인 중 호구제도 자체의 제약보다는 단위제도 아래 제도적 차별로 인한 경제적 빈곤, 고립된 거주 공간, 사회적 빈곤이 더 강하게 영향을 미친다고 하겠다.

2. 동향촌 내부의 사회계층분화

중국의 농민공은 농업호구를 소지한 외지인이라는 면에서 동질적인 집단으

---

[5] Solinger(1999, ch. 5, 6 ; 2004, 141-185), Mallee(2000, 83-101), 이민자(2001, 296-319) 참조.

로 간주되지만, 사회계층분화에 관한 연구에 의하면 매우 이질적인 집단이다. 즉 시장화 개혁은 농민공 내부의 계층분화를 심화하여 동질성을 약화시키고 있다. 따라서 농민공을 단순히 도시의 하층 노동자로 보는 것은 농민공 내부의 이질적인 생활방식과 다양한 고용패턴 및 소득 차이에 대한 이해를 가로막는다.

농민공은 출생지(호구 소재지), 경제적 지위, 직업 등에 따라서 이질적인 집단으로 분화되며, 이에 따라 도시진입 및 적응방식, 국가와의 관계에서 차이가 크다. 대표적으로 솔린저의 연구를 보면, 내륙출신 농민공과 연해 출신 농민공 간의 도시적응방식의 차이에 주목하고 있다. 즉 자본과 기술 없이 육체노동에 종사하는 '임금노동자'(농민공)와 의류 제작기술 및 민간금융조직을 통해 형성한 초기자본과 노동력 등 종합자본을 가지고 도시에 이주한 '기업가적 자영업자'로 나눌 수 있다. 농민공은 '취업'을 위해, 자영업자는 '시장' 개척을 위해 도시로 진입했다.[6]

베이징 동향촌 농민공 내부의 이질성에 관한 연구로는 폐품 회수 및 판매에 종사하는 허난촌(河南村), 의류 제작 및 판매에 종사하는 저장촌(浙江村) 연구를 들 수 있다. 허난촌 연구는 동향촌 농민공 내부의 사회계층분화가 어떤 과정을 거쳐 발생했는지를 보여준다. 저장촌 연구는 사회계층분화에서 더 나아가 유동인구(농민공) 엘리트가 어떤 방식으로 시민 위주로 형성된 주류사회로 진입하여 시민화되고 있는지를 설명해 주고 있다는 점에서 흥미롭다.

저장촌의 사회계층분화연구는 유동인구 엘리트는 '시장'을 통한 그들의 경제적 역량으로 인해 소비수준, 사회관계의 범위 및 영향력, 정부와의 연계 정도에서 다른 유동인구와 달리 도시 주류사회의 일부가 되었음을 보여준다. 이런 사례는 불법 신분이었던 저장촌 유동인구가 시장의 힘으로 호구제도의 제약을

---

[6] 농민공의 사회계층분화에 관한 좀 더 자세한 기존연구 소개는 다음 참조. 이민자(2001, 278-279), 정종호(2002, 281-282).

넘어 정치적·법적·행정적 영역에서 합법적인 엘리트로 바뀌었음을 의미한다.[7]

허난촌에서는 노동 분업에 따라 폐품회수장을 소유한 경영자계층(貨場主), 폐품회수장 노동자(貨場雇工), 길거리 넝마주이 등으로 사회적 계층이 구분된다. 허난촌의 경영자계층은 약 10%를 차지하는데 1996년 등록된 경영자는 130여 명이었으며, 사회계층에 따라 생활방식, 거주지, 사회관계가 다르다. 이곳의 소수 경제적 상층은 동향촌 내에서 영향력이 강하고, 동향촌 밖의 베이징시민과도 적극적으로 사회관계를 형성한다.[8] 허난촌 계층분화는 개인적 배경이나 교육의 영향보다는 사회적 연결망이 경제적 성공에서 중요한 역할을 하는 것이 특징이다. 허난촌 농민공에게 사회관계는 순수한 관계가 아니라 경제적 상승 및 사회적 지위 향상에 도움을 주는 일종의 사회적 자본이다.[9]

위 동향촌 계층분화 연구에서 저장인과 허난인은 농업호구를 지닌 도시의 비농업 종사자라는 면에서는 공통점을 지니지만, 도시로 진입할 때 그들의 초기자본은 매우 다르다. 저장인은 '자본과 기술'을 가지고 베이징에 들어온 '농민 기업가'로서 농민공 중에서 최상층에 속하는 반면, 허난인은 단지 '노동력'만을 가지고 도시로 이주한 저소득층 농민공이다.

한편 동향촌 내의 농민공은 경제적·사회적 역량의 차이에 따라 소비수준, 사회관계의 범위 및 영향력, 도시 주류사회로의 진입정도에서 현저한 차이를

---

[7] 저장촌 유동인구 엘리트의 도시 주류사회로의 진입 과정 및 국가와의 관계변화에 관해서는 다음 참조. 정종호(2003, 37-72).

[8] 허난촌의 계층분화에 관한 구체적 내용은 다음 참조. Beja(1999, 37, 49), 唐燦·馮小双(2000, 74-76). 허난촌에서 베이징인과의 사회관계를 형성하여 주류사회로 진입할 수 있는 사람은 경영자 계층 130여 명 중에서도 극히 일부에 불과하다. 따라서 허난촌의 사회계층분화의 결과 경제적 상층이 시민화되고 있다고 말하기는 어렵다.

[9] 예컨대 현지인과의 관계는 폐품회수장 사장이 사업을 하는 과정에서 거래비용을 낮추는 효과가 있다. 첫째, 베이징 현지인과의 관계 형성을 통해 전기, 석탄, 석유 등을 저렴하게 사용하여 비용을 절감한다. 둘째, 불안정한 조건(도시의 무분별한 세금 및 벌금 징수, 정기·부정기적인 추방)에서 관계를 이용하여 정보를 미리 입수하면 미리 피할 방법을 찾을 수 있다. 이런 면에서 허난촌 사람들은 경찰과의 교류를 가장 원한다. 唐燦·馮小双(2000, 78).

보인다. 농민공은 정보습득, 직업선택, 사회적 왕래에서 가족, 친척, 친구 등을 포함한 동향관계에 의존하고 있다. 그러나 경제적으로 부를 축적한 일부 농민공은 그들의 경제적 역량을 기반으로 사회관계망을 기존의 혈연, 지연 중심에서 벗어나 도시의 주류사회로까지 확산하였다. 저장촌의 경우 경제적 계층화에 따른 농민공 내의 이질화·차별화가 심화되어, 기존의 동향관계가 약화되고 있다. 경제적으로 성공한 저장촌의 농민공 엘리트는 다른 농민공과의 차별화를 통해 도시 주류사회로의 진입을 추구한다(Ma and Biao 1998, 580-581 ; 정종호 2002, 286 ; 이민자 2001, 319).

이처럼 저장촌의 성공한 농민공이 동향 관계에 거리를 두는 이유는 베이징 주류사회에 진입하는 데 불리하다고 생각하기 때문이다. 동향관계에만 의존하는 농민공의 도시적응 방식은 이들이 점차 도시의 공식부문 및 시민과 사회관계를 형성할 수 있는 도시생활 공간을 제한할 수 있다. 따라서 성공한 농민공은 도시 진입 초기 성공의 기반이 되었던 동향촌을 벗어나 점차 현지 주류사회에 진입하려고 도전하게 된다.

그렇지만 성공한 경영인(老板)이라도 호적제도에 의하면 도시인의 눈에는 외지 농민공의 한 사람일 뿐이다. 따라서 성공한 농민공은 대내적으로는 우월한 지위를 점하고, 다른 농민공과 구분되는 경영인으로 차별화되지만, 대외적으로는 동일하게 농민공으로 간주되는 일종의 '이중적 정체성'을 경험하게 된다(唐燦·馮小双 2000, 72-85).

위의 동향촌 농민공 사회계층분화 과정에서 나타나는 농민공 내부의 계층에 따른 사회적 정체성의 차이와 도시 주류사회로 진입하는 힘은 도시호구 획득이 아니라 시장에서의 '경제적 부 축적'에 있다. 시민화에 성공할 수 있는 경제적 상층은 자본과 기술을 갖고 이동하여 '농민기업가'로 성공한 저장촌의 유동인구 엘리트다. 실제 2006년 베이징 농민공 인터뷰에 의하면, 설령 이제 호구제도가 폐지되어 베이징 호구를 획득한다 해도 경제적 무능력 때문에 도시에서 시민화되기 어렵다는 생각이 지배적이었다.[10]

정리하면, 베이징의 동향촌 농민공의 경우 소득수준에 따라 도시에 대한 정체성, 도시적응방식, 시민화 과정에 차이가 있다. 이농초기 자본과 기술을 가지고 베이징에 들어온 경제적 상층(저장촌의 농민 기업가)은 시민화에 대한 강한 의지 및 경제력을 기반으로 동향촌을 벗어나 베이징인과 사회적 연결망을 형성하고 베이징 문화에 동화되는 등 시민화의 길에 들어서기 시작했다. 그러나 이런 상층 농민공은 전체 농민공 중 극히 일부이며 대부분 농민공은 도시 주류사회로 편입이나 시민화는 거의 불가능하다. 특히 노동력만 가지고 이농한 중서부 출신의 대다수 농민공은 시민화 의지는 있으나 경제력의 한계로 인해 베이징 주류사회에 진입하지 못하고 도시 외곽에서 주변화, 도시 빈민화되고 있는 실정이다. 따라서 동향촌 내부의 사회계층분화연구는 계층에 따른 '이질성'을 지적했다는 점에서 의미가 크지만, 1억 2천만 농민공의 도시적응이나 시민화를 설명하기에는 한계가 있다고 하겠다. 이런 점을 고려하여 아래서는 중국 농민공의 대다수를 구성하고 있으며, 동향촌 밖에서 생활하는 농민공의 도시적응방식이 가지는 특징에 관해 살펴보려 한다.

3. 농민공의 도시 빈민화

1) 호구제도개혁 : 불법체류자에서 도시주민으로

호구제도는 제도적 분할, 배제를 통해 농민과 시민을 차별했고, 개혁 이후에는 농민공의 시민화를 가로막는 제도적 장벽으로 비판받아 왔다.[11] 2000년대

---

10 베이징시 스징산구 핑궈위안가도(北京市 石景山區 苹果園街道) 농민공 인터뷰, 2006년 6월 28일.

들어 정부 차원에서 도시화 정책을 추진하자 이농을 금지해 온 호구제도개혁이 불가피해졌다. 2000년대 호구제도개혁은 그 기본 골격은 유지하는 상태에서 부분적 보완 및 수정을 가했다. 호구 폐지를 통해 대도시호구도 모든 농민공에게 차별 없이 부여하는 '통일적 호구제도'(居民戶口制 : 주민호구제) 실시와 같은 파격적인 개혁은 없었다.

호구제도개혁은 인재 및 자본가에 국한된 대도시(베이징, 광저우, 상하이) 호구개방, 본성(本省) 주민을 대상으로 한 통일적 호구제도 실시로 국한되었다. 2000년대 통일적 호구제도를 실시한 지역의 '주민호구' 획득 조건을 구체적으로 살펴보자. 정저우시(鄭州市)는 2001년 11월부터 상품주택 구입자, 투자자 및 고학력, 기술직 인재에게 호구를 개방하기 시작했다. 2003년에는 '농업호구', '임시호구', '소도시호구', '비농업호구' 등의 호구 구분을 폐지하고, '정주주민호구'(鄭州居民戶口)로 개칭하여 '일원제'(一元制) 호구관리 모델을 도입했다. 또한 농민공도 노동계약을 체결하고 사회보장에 가입되어 있거나, 정저우시가 매년 선정하는 '우수한 농민공 110명'에 뽑히면, 정저우시 호구를 발급받을 수 있게 했다(國務院硏究室課題組 2006, 270-271).

장쑤성 역시 2002년부터 이원 호구를 폐지하고 거주지 등기호구에 기초한 호구단일화를 실시했다. 쑤저우(蘇州), 우시(無錫), 전장(鎭江) 3개 시의 호구 이전 조건은 '합법 고정된 거주지', '안정된 직업 혹은 생활기반'이었고, 외지인에게는 기업의 합법적 고용 및 기본 양로보험 10년이 지난 사람에 한하여 도시호

---

11 호구제도 아래서 중국 정부는 지역적 분할, 제도적 배제에 의해 정치적 안정 및 사회적 통제를 유지해 왔다. 그 결과 호구제도는 부정의, 불평등, 불합리로 압축될 수 있는 '중국 특색의 사회경제적 계층화'를 만들어 냈다. 호구제도 아래서 농업호구와 비농업호구 간의 제도적 차별에 관한 분할, 배제, 통제 개념을 중심으로 한 설명은 다음 참조. Wang(2005, 86-112 ; 2004). 또한 중국 내 호구폐지론자는 농민공의 경제적 빈곤은 농업호구와 밀접한 관계가 있으므로, 호구제도를 개혁하여 도시와 농촌 간의 취업, 사회보장, 주택 등의 차별을 폐지해야 한다고 주장한다. 國務院硏究室課題組(2006, 350) 참조.

구를 발급했다(國務院硏究室課題組 2006, 272).

　통일적 호구제도는 본성 호구 소지자 또는 대도시의 경우 대도시 상주거주자만을 대상으로 하기 때문에 타 성이나 타 지역 출신 농민공은 주민호구제의 혜택에서 제외되었다는 면에서 한계가 있다. 또한 외지인에게 호구를 부여하는 대도시호구개방 역시 호구 획득 기준이 자본가와 전문직 인재로 국한되어 있어 아직은 외지인 중·고소득층이거나 전문직 종사자만이 호구개방의 혜택을 누릴 수 있다. 따라서 도시 빈민층이며 다른 성 농민공은 여전히 '농업호구'로 남겨졌다(정종호 2005, 216-222). 농민공에게 도시호구 발급의 문턱은 아직도 너무 높다.

　그러나 2000년대 농민공 관리정책의 새로운 변화는 농민공의 도시진입을 통제하기 위해 1990년대 생겨난 호구에 부과된 각종 차별정책이 폐지된 것이다. 즉 첫째, 직종 및 업종 제한 폐지 및 농민공 자녀의 공립학교 입학 허용, 둘째, 각종 증명서 발급 비용 현실화를 통한 경제적 진입장벽 제거, 셋째, 농민공의 권익 및 서비스 향상 등을 들 수 있다. 특히 후진타오 체제가 등장한 2003년 농민공 정책 변화를 보여주는 구체적인 조치가 나타나기 시작했다. 2003년 농민공 관리 서비스비 징수를 중지하고, 수용 및 호송 규정을 폐지했고, 농민공 정책방향이 "관리 위주에서 관리 및 서비스 병행으로"(以管爲主 管理服務幷重) 무게중심이 이동했다. 중국 정부는 농민공의 권익 보호 및 농민 이농을 권장하는 정책을 발표했으며, 대도시(베이징, 상하이)는 "대문은 열고 문턱을 높이는 정책"(打開大門 提高門檻)을 시행하기 시작했다(國務院硏究室課題組 2006, 342 ; 白南生·宋洪遠 等 2002, 171-172 ; 黃平·杜銘那克 主編 2006, 29, 250-251).

　이런 제도개혁 및 인식의 전환에 따라 농민공은 비록 '대도시호구'를 획득하기는 어려워도 도시 거주는 합법화되기 시작하여 1990년대까지의 불법체류자의 신분에서 합법적인 도시주민으로 바뀌기 시작했다. 2001년부터 추진된 호구에 기초한 농민공 차별정책 폐지의 주요내용을 살펴보면, 중국 정부가 농민공의 도시진입 통제를 중단하고 도시거주자로 받아들이고 있음을 확인할 수 있다.

직종 및 업종 제한 폐지

2001년 3월 전국인대에서 발표한 〈중국 국민경제 및 사회발전 10차 5개년 계획〉에서 농민공 차별정책 폐지의 방향이 제시되었다. 즉 "시장경제체제에 맞추어 농민의 도시취업에 대한 불합리한 각종 규정을 폐지하여, 통일적인 노동력 시장을 형성한다. 농민공에게 주택, 자녀교육, 의료 등 서비스를 제공하고, 도시화에 따른 '신시민'으로 받아들이도록 사회여론을 조성하여 도시사회로 융합되도록 한다"(白南生·宋洪遠 等 2002, 171-172).[12] 그 후 2004년 중앙정부가 〈2004년 1호 문건〉에서 농민공의 권익보호를 강조하기 시작하자, 베이징시도 그해 농민공의 업종 및 직종 제한 등 다양한 농민공 차별 규정을 폐지했다. 차별 규정의 폐지로 농민공의 노무, 취업, 상업 활동, 주택임대, 위생 등의 제한이 취소되었다. 또한 베이징시는 2005년 24만 명의 농민공 자녀에게 공립학교 입학을 허용했으며, 농민공 자녀도 베이징인 자녀와 동등한 대우를 받도록 했다.[13]

그러나 다음 사례를 보면, 농민공에 대한 '호구 문턱'은 현실적으로는 유지될 가능성이 크다. 2001년 베이징에서는 "구인광고 시 반드시 베이징 호구를 조건으로 제시하는 것"을 폐지했다. 하지만 실제 2001년 베이징의 구인광고를 보면 베이징 호구를 지원 조건으로 내걸지 않는 경우가 극히 적다. 2001년 6월 1일 『베이징 청년보』(北京靑年報)에 5개 회사에서 기업관리, 인터넷 엔지니어, 비서, 수위 등 몇 가지 업종의 구인광고를 냈는데, 모두 베이징 호구 소지자를 원

---

[12] 정부 차원뿐 아니라 언론에서도 농민공 차별 규정 폐지를 주도하는 여론이 조성되었다. "流動人口 : 媒體關注流動人口體現社會的責任," www.chinapop.gov.cn. 中國人口网, 2004年 8月 25日 (검색일 : 2005년 7월 24일).

[13] 농민공 차별규정 폐지의 주요내용은 다음 참조. 馮瑛冰, "流動人口 : 北京廢止外來人員務工管理規正等近30項政策規章," www.chinapop.gov.cn (검색일 : 2005년 7월 24일) ; 譚衛平, "流動人口 : 北京立法計劃公布 外來人員來京務工五大限制將被取消," www.chinapop.gov.cn (검색일 : 2005년 7월 24일) ; "我爲北京蓋樓 北京幇我安 '家'-民工生活紀實" http://www.soufun.com (검색일 : 2005년 7월 24일).

했다(白南生·宋洪遠 等 2002, 175). 따라서 베이징 정부가 직종제한 규정을 폐지했어도 실생활에서 농민공은 여전히 외지 호구로 인한 취업차별을 받고 있음을 알 수 있다.

경제적 진입장벽 제거

　2001년 11월 국가계획위원회와 재정부가 〈농민공에 대한 비용징수 폐지에 관한 통지〉를 발표했다. 이에 따라 2002년 3월부터 농민공의 각종 증명서 발급은 실비(1개당 5위안 정도) 외에 임시거주비, 유동인구 관리비, 가족계획 관리비, 도시확장비, 노동력 조절비, 농민공 관리 서비스비, 외지건축기업 관리비 등 7개 항목의 행정성 경비가 일괄적으로 폐지되었다. 2004년 7월 중공중앙과 국무원도 〈농민의 타지 취업 및 도시취업에 대한 차별 규정 및 불합리한 비용 징수를 폐지하는 통지〉를 하달했다(國務院硏究室課題組 2006, 93, 140-141).[14] 이에 따라 베이징시는 농민공 취업증, 위생허가증을 취소했고, 네이멍구(內蒙古)는 취업증 및 임시거주증의 수속을 간소화했고, 칭하이성(靑海省)은 임시거주증 유효기간을 1년에서 2년으로 연장했으며, 랴오닝성의 일부 시는 임시거주증을 폐지했다. 또한 2005년 1월 1일부터 〈유동인구 혼인증명〉 발급비가 폐지되는 등 다양한 증명서 발급비가 폐지되거나 실비를 받도록 개선되었다(國務院硏究室課題組 2006, 141).
　이런 규정들의 폐지는 1990년대 농민공의 도시진입을 통제하기 위해 만들었던 경제적 장벽이 제거되고 있다는 점에서 주목할 필요가 있다. 이런 변화는 중국 정부가 호구제도를 폐지하지는 않았지만, 농민공의 도시진입을 사실상 허

---

[14] 베이징의 임시거주증 발급 비용은 이전에는 1인 발급비가 180위안이었으나 2005년 8월에는 5위안이었다. 베이징시 퉁저우구 가오베이뎬향(北京市 通州區 高碑店鄕) 농민공 관리 담당자와의 인터뷰, 2005년 8월 14일.

용 혹은 장려하려는 것으로 해석할 수 있다. 또한 차별 폐지에서 더 나아가 농민공의 권익보장 및 서비스 향상을 통해 시민과 평등하게 대우하려 하고 있다.

농민공 권익 및 서비스 향상

중국 정부는 2001년 WTO 가입 후 도시화가 불가피함을 인식하고, 2002년부터 농민공의 합법적 지위를 인정하고 서비스를 강조하는 변화가 나타났다. 즉 2002년 1월 국무원 문건에서 농민공에 관한 "8자 방침[공평한 대우(公平對待), 합리적 인도(合理引導), 효율적 관리(完善管理), 서비스 제공(搞好服務)]"을 제시했다. 2003년 1월에는 국무원 1호 문건으로 〈농민공 취업관리 및 서비스에 관한 통지〉를 발표했다. 이를 통해 국무원은 농민공 취업에 대한 불합리한 제한 취소, 농민공 임금 삭감 및 체불 문제 해결, 농민공 직업훈련, 농민공 자녀의 공립학교 취학 허용, 농민공에 대한 관리 강화 등을 지시했다. 이런 중앙의 방침에 따라 각 지방정부 역시 농민공의 증명카드 발급 수수료 폐지, 통일적 노동력 시장 형성, 평등한 취업제도 등을 실시하여 농민공에 대한 관리 및 서비스 수준을 높이기 시작했다.15

또한 2000년대 들어 농민공의 교육, 사회보장, 주택, 임금체불 문제 등을 해결하기 위해 다양한 정책문건을 발표했다. 예컨대 〈베이징시 농민공 자녀의 의무교육 실시에 관한 잠정 법규〉, 〈건설부분에서 공사비 체불 및 농민공의 임금체불을 해결하기 위한 통지〉, 〈베이징시 농민공의 양로보험 잠정 법규〉, 〈베이

---

15 2003년 〈국무원 1호 문건〉의 주요내용은 다음과 같다. i) 농민공 취업 시 직종제한을 폐지하고 기업이 합법적으로 농민공을 고용하는 것에 간섭하지 않는다. ii) 고용주는 법에 따라 농민공과 노동계약서를 체결하고, 기일 내에 임금을 지불한다. iii) 농민공 여성의 건강 및 위생 등 작업조건을 개선하고 기술 훈련을 지원한다. iv) 농민공 자녀에게 공립학교 입학을 허용하고, 현지 학생과 동등하게 대우한다. v) 농민공에게 가족계획, 자녀교육, 취업, 의료위생, 법률지원 등을 제공한다(國務院研究室課題組 2006 ; 黃平·杜銘那克 主編 2006, 217, 251-252).

징시 농민공의 상해보험 가입에 관한 잠정 법규〉, 〈베이징시 농민공의 기본 의료보험 가입 잠정 법규〉, 〈관리 및 서비스 강화를 통한 농민공의 합법적 권익을 보호하기 위한 통지〉 등의 정책문건을 발표했다. 이런 문건의 발표는 중국 정부가 베이징에 거주하는 농민공의 문제를 해결하고 합법적 권익을 보호하는 데 관심을 가지고 적극적으로 대안을 모색하고 있음을 보여준다(國務院硏究室課題組 2006, 342-343).[16]

국무원은 2003년 〈노동자 상해 보험 조례〉를 발표하여 2004년 1월 1일부터 시행하기로 했다. 2004년에는 농업부, 재정부, 노동보장부, 교육부, 과기부, 건설부 6개 부문이 공동으로 농촌 노동력 이농 교육과정(陽光工程)을 실시했다. 그해 중앙정부는 2억 5천만 위안의 기금을 조성하여 농민 이농 교육 프로젝트를 만들고 농민의 도시취업 교육을 지원했다(國務院硏究室課題組 2006, 92 ; 黃平·杜銘那克 主編 2006, 41, 206, 252). 중국 정부가 2003년부터 농민공과 시민을 평등하게 대우하고 각종 지원을 강조하기 시작했다는 것은 농민공이 비합법 공간에서 '합법적 공간'으로 들어오고 있다고 해석할 수 있다.

위에서 살펴본 바와 같이 다양한 제도개혁이 이루어지고 있음에도 불구하고, 농민공의 시민화는 도시호구 획득만으로 되는 것은 아니다. 최근 일부 지역에서 통일적 호구제도를 실시하여 '농업호구'가 사라졌지만, 호구에 기초한 자원분배는 개혁되지 않았기 때문에 농민공은 호구 구별을 폐지해도 시민과 동등한 대우를 받지 못한다. 농민공이 도시사회로 융화되기 위해서는 정부의 정책적 지원이 필요하다. 농민공 유입지 정부는 농민공에게 위생비, 치안유지비, 도로사용료 등 각

---

[16] 지방정부 차원에서 농민공 권익 향상의 예를 들면, 2004년부터 12월부터 항저우(杭州) 상청구(上城區)에서 농민공에게 의료구제를 실시하기 시작했다. 12월 29일부터 항저우에 거주하는 농민공은 신분증, 임시거주증, 해당구 1차 의료기관이 발급한 의료구제카드를 소지하면, 상청구의 각 보건소 및 지정 병원에서 할인된 가격으로 진료를 받을 수 있다. 또한 2004년 11월부터 항저우에서는 농민공이 취업증을 발급받지 않아도 취업이 가능해졌다. www.zjol.com.cn (2004년 12월 30일) ; 『浙江日報』 (04/12/29).

종을 비용을 징수하지만, 서비스 제공의 범위에서는 농민공이 제외된다(郭虹 2005, 60-63). 다음 인터뷰를 보아도, '도시호구' 획득만으로는 농민공이 시민과 동등한 사회적 지위에서 시민으로 동화되기는 어렵다는 것을 알 수 있다.

> "2001년 베이징 호구를 획득했으나 내 생활에는 아무 변화가 없다. 난 여전히 단위 밖에서 일하는 비정규직에 종사하므로 사회보험 및 의료보험 혜택을 받을 수 없어, 높은 의료보험료를 납부해야 한다. 딸이 기부금을 내지 않고 공립학교에 들어간 외에 실제적으로 베이징 호구가 내게 준 것은 아무것도 없다. 왜 이 호구를 얻기 위해 10년 이상을 기다리며 노력했는지 모르겠다."[17]

농민공이 뒤늦게 도시호구를 획득하여 법적으로는 시민이라도 각종 사회주의 유산(단위에 의한 불평등)으로 인해 현실적으로 시민과 동등해지기는 쉽지 않다. 단위제도가 제공했던 각종 사회보장 분배가 1990년대 말 이미 끝난 상황에서, 농민공이 베이징 호구를 획득해도 단위가 이미 과거에 배분한 주택, 직업, 사회보험의 혜택을 누릴 수는 없기 때문에 농민공과 시민은 여전히 불평등하다. 따라서 농민공의 시민화 과정에서 장애물은 도시호구 획득 자체보다는 호구와 연계되어 있는 각종 사회·경제적 차별이라 볼 수 있다.[18] 농민공은 호구제도 완화로 도시에서 추방될 걱정이 사라졌다는 점에서 거주자로서는 합법적 신분을 획득해 가고 있지만, 사회경제적 제한 때문에 도시의 주류사회로 들어가 시민으로 적응하기는 매우 힘든 상황이다. 아래서는 단위제도 아래서 호구의 차이로 인해 발생했던 사회·경제적 불평등에 관해 살펴봄으로써 농민공의 도

---

[17] 베이징의 농민공 관련 NGO 조직에서 일하는 여성 농민공과의 인터뷰, 2005년 8월 25일.
[18] 중국에서 호구제도의 문제는 호구가 다양한 행정, 경제, 복지 관리와 연계되어 각종 차별과 불평등을 유발하는 것이다. 정저우의 경험에 의하면, 호구개혁이 실효를 거두기 위해서는 호구와 관련된 취업, 교육, 주택, 사회보장 등 일련의 사회관리 제도를 개혁하여 호구의 구별 없이 동등한 대우를 받도록 해야 한다. "戶籍改革路在何方,"『人民日報』(海外版)』(04/10/08).

시 빈민화, 주변화를 설명하려 한다.

2) 경제적 빈곤: 도시 빈민화

호구제도 아래서 중국사회에는 경제적 소득 차이에 의한 '수직적 계층화' 공간적 차이에 의한 '수평적 계층화'가 나타났다. 호구에 기초한 '제도적 배제'와 '사회적 통제' 아래서, 중국 시민은 사회·경제적으로 정부가 정한 거주지에 의해 계층화되었다. 거주지(공간적 차이)에 의한 '수평적 계층화'는 중국만의 특징이다. 수평적 계층화는 자원 및 기회의 분배, 중국인의 일상생활에 영향을 미쳤을 뿐 아니라 중국인만의 독특한 가치, 행동 양식, 문화를 형성하게 했다(Wang 2005, 149). '수평적 계층화'는 단위제도와 복합적으로 작용하여 개혁기 도시에서 농민공과 시민 간의 사회·경제적 차별로 반복되었고, 그 결과 농민공의 도시 빈민화로 이어졌다. 또한 농민공에 대한 제도적 배제에 영향을 미친 것은 호구제도, 도시사회보장제도에서 농민공 제외, 도시의 이중적 노동력 시장, 단위에 의한 사회관리체계 등을 들 수 있다.[19]

이런 제도적 배제와 사회적 통제의 영향으로 2000년대 초까지 도시에 비공식적으로 거주하는 농민공은 '불법 체류자'라는 부정적 이미지로 인식되었다.[20] 1990년대 말까지 중국의 국내 노동력 이동 정책은 킨들버거(Kindleberger) 이론에 기초했던 1950년대 유럽의 이주노동자에 대한 정책과 매우 비슷했다.[21] 중

---

[19] 농민공 관련 제도의 특징에 관한 자세한 설명은 다음 참조. 劉懷廉(2005, 196-223).
[20] 중국의 언론매체 및 대중매체에서 묘사되는 농민공에 대한 부정적 이미지에 대해서는 다음을 참조. Zhang(2001, 179-205).
[21] 킨들버거는 1950년대 이주 노동자를 적극적으로 사용한 프랑스, 서독은 급속한 경제성장을 이룬 반면, 그렇지 않은 영국은 상대적으로 느린 경제발전을 경험했다고 평가했다. 1950년대 유럽 각국의

국의 지방정부는 현지인 우선고용, 농민공 도시취업 제한 등의 차별정책을 실시했기 때문에 농민공은 주로 3D 업종, 저임금, 장시간 노동, 임금체불, 고용 불안정의 문제가 있는 직종에 취업하게 되었다. 따라서 농민공의 대부분이 도시에서 빈민으로서 시민화에 실패하고 주변화되고 있다. 2004년 중앙정부가 농민공의 직종 및 업종 제한을 문건으로는 폐지했으나, 현실적으로는 노동력시장에서 농민공의 직종 및 업종, 임금 등 노동환경에는 큰 변화가 없다. 농민공의 직종, 고용조건, 이중적 노동시장, 정부의 개입 등을 통해 도시 빈민화 실상을 구체적으로 살펴보면 다음과 같다.

농민공의 직종 및 고용조건

2004년 국가통계국이 조사한 바에 의하면, 농민공의 직업은 제조업 30%, 건축업 23%, 서비스업 10%로 세 직종이 중심이다. 2005년 노동부의 농민공 직종 조사 역시 제조업 27%, 건축업 26%, 숙박 및 요식업 11%, 도소매업 12%, 각종 서비스업 9%로 나타났다. 특히 농민공 노동력은 가공 제조업의 68%, 건축업의 80%, 도소매업 및 요식업의 52%를 차지할 정도로 절대적 비중을 차지한다 (國務院硏究室課題組 2006, 5-6, 76-77, 104-105).

이런 농민공의 직종은 대부분 민간경제 부분(사영기업, 자영업, 외자기업)으로 노동조건이 열악하여 시민들은 기피하는 직업이라는 공통점을 지닌다. 대부분 농민공이 비정규직이며, 경기 변화에 민감한 분야(제조업, 건축업, 서비스업 등)에

경제성장률 차이는 노동력 공급의 증가여부에서 비롯되었다는 견해가 설득력을 갖게 되었다. 이런 입장은 1960년대 유럽의 주요 선진국이 이주노동자를 적극적으로 수용하는 정책으로 변화시킨 이론적 기반을 제공했다. 서독은 노동력이 부족한 산업에 한해 이주노동자를 수입하되, 내국인 노동자 보호를 이유로 그 규모를 엄격하게 통제하였다. 서유럽에서 이주노동자의 수입은 1973년 사실상 종결되었다(Kindleberger 1967, 4 ; Hollifield 1992, 53-55 ; 설동훈 2000, 121).

취업할 수밖에 없는 이유는 임시거주증을 소지한 농민공은 노동력 시장에서 시민과 평등하게 경쟁할 수 없기 때문이다. 시민과 구별되는 농민공 직종의 특성을 이해하기 위해 농민공의 고용조건을 살펴보자.

2003년 농민공의 지역별 월수입을 보면, 동부지역 760위안, 중서부는 각각 570위안, 560위안으로 동부지역이 중서부보다 약 200위안 정도 높다. 또한 2004년 농민공 월 평균 수입은 780위안이었고, 월수입 500~800위안이 37%로 가장 많고, 300위안 이하 7.6%, 300~500위안 17.8%, 800~1,000위안 16.4%, 1,000위안 이상 21.2%로 나타났다(國務院硏究室課題組 2006, 76-77, 104-105).

〈표 5-1〉 농민공 월수입 분포(2004년)

월수입(위안)	300 이하	300~500	500~800	800~1,000	1,000 이상	총계
비율(%)	7.6	17.8	37	16.4	21.2	100

출처 : 國務院硏究室課題組(2006, 105).

"현재 가장 희망하는 것이 무엇인가"라는 질문에 67%의 농민공이 "임금상승"이라 답할 정도로 이들의 저소득 문제는 심각하다. 노동사회보장부는 2004년 농민공의 저임금 문제를 해결하기 위해 〈최저임금규정〉을 발표했다. 농민공은 도시주민이 향유하는 주택, 의료보험 등 사회보장을 받을 수 없기 때문에 시민보다 더 많은 생활비를 지출해야 한다. 따라서 농민공의 적은 수입으로는 도시에서 주택, 자녀교육, 기타 소비지출을 감당할 수 없으며, 대도시에서 시민으로 정착한다는 것은 상상하기 힘들다.[22]

또한 농민공은 매일 11시간 이상의 장시간 노동, 위험한 노동조건, 임금 체

---

[22] "流動人口 : 農民工是城鎭化主流群體 各地列入城市人口範疇," http://www.chinapop.gov.cn, 2005년 6월 20일 (검색일 : 2005년 7월 24일) ; 柯蘭君·李漢林 主編(2001, 109-112).

불 등의 문제에 직면해 있으며, 고용주는 농민공을 저렴한 임시공으로 고용하기 위해 노동계약을 체결하지 않는다. 노동부 조사에 의하면, 전체 농민공 중 노동계약을 체결한 농민공은 2004년 12.5%에 불과하며, 임금체불 문제 역시 심각하다. 또한 많은 기업에서 농민공 임금 중 20~30%를 위험담보금(風險抵押金) 명목으로 저당잡는다.[23] 농민공이 이런 열악한 조건에 취업하는 이유는 노동법에 기초한 권리를 보호받지 못하고 단체 임금협상을 하지 못하는 데다, 대부분 중소 민영기업에 노동조합이 없기 때문이다. 설령 농민공이 국유기업에 취업해도 임시공이기 때문에 정식공과 차별대우를 받으며, 노동조합의 회원이 될 수 없다. 농민공은 주민위원회 주임 선거 및 사회사업 관리 등에 참여할 권리도 없다.[24]

이중적 노동력 시장

중국은 단위제도 아래서 도시민을 위한 노동력 시장(정규직 위주)과 거기서 배제된 농민공 노동력 시장(비정규직 위주)이라는 '이중적 노동력 시장'이 형성되었다. 중국 도시에서 실업자는 시민 중 가장 불리한 위치에 처해 있음에도 불구하고, 농민공에 비하면 상대적으로 나은 편이다. 농민공은 농업호구, 실업자는 비농업호구라는 면에서 '호구'가 다르고, 이런 호구의 차이 때문에 도시취업 과

---

[23] 이 저당금은 만 3년 동안 아무 잘못이 없을 경우 반환한다는 조건이지만, 고용주는 각종 구실을 들어 사실상 지불하지 않는다. 만일 농민공이 저당금을 환불받고 회사를 그만두려 할 경우, 고용주는 위약금을 핑계로 수천 위안에 달하는 저당금을 반환하지 않는다(國務院研究室課題組 2006, 81, 107).
[24] 농민공의 임금 및 노동보호 문제 해결을 위한 대책 및 건의의 구체적 내용은 다음 참조. 硏究室課題組(2006, 208-210, 81). 사영기업주가 농민공을 고용하는 이유를 보아도 농민공의 열악한 노동환경을 확인할 수 있다. 첫째, 힘든 일 감수, 둘째, 관리 편리, 셋째, 저임금 노동, 넷째, 베이징인들이 기피하는 직종 종사 등이다. 그 외에 실제 많은 고용주들이 외지인 노동자를 고용하고자 하는 중요한 이유는 사회보험 혜택을 제공하지 않아도 되기 때문이다(黃序 主編 2004, 128).

정에서 취업직종, 임금, 정부지원의 차별이 발생한다.

농민공과 실업자의 고용조건을 비교해 보면, 이중적 노동력 시장에서 농민공의 위치를 잘 알 수 있다. 농민공은 장기 계약공은 6%에 불과하고, 64%가 자력 고용(自雇)이다. 반면 실업자는 89%가 장기 계약공이며, 자력 고용은 0.7%에 불과하다. 고용된 직장의 소유제를 보아도 농민공은 국유기업(11%) 및 도시 집체기업(6%) 종사자는 17%에 불과하며, 60%가 도시의 민간소유(私人, 개인 소유) 영역에 취업해 있다. 반면 실업자는 국유기업(63%) 및 도시 집체기업(29%) 종사자가 92%로 절대적 비중을 차지하고, 도시의 민간 소유 영역은 단지 2%에 불과하다.[25]

이를 통해 볼 때, 농민공은 주로 상업, 서비스업, 민영기업, 자영업 등 '비정규직'에 취업해 있는 반면, 국유기업에서 해고된 실업자는 재취업과정에서도 여전히 '정규직'(도시민 노동력 시장)에 취업하고, 상업 및 서비스업은 극소수다.[26] 이런 취업 영역 및 고용조건의 차이는 농민공의 빈곤화를 초래했다.

정부의 노동력 시장 개입

중국 도시에서 이중적 노동력 시장의 형성이 정부의 직업분배 개입과 관계가 있는가? 1990년대 후반 국유기업의 구조조정으로 실업자가 증가하자 실업자와 농민공 간에 격렬한 취업경쟁이 발생했다. 이것은 중국 노동력 시장에서 기득권 계층(실업자)과 비기득권 계층(농민공) 간의 충돌로 이어졌다. 중국 정부는 노동력 시장을 분할하고 실업자에게 우선적으로 재취업을 보장하는 정책을 실

---

[25] 宋麗娜(2006, 171-172)의 〈표 2〉, 〈표 3〉, 黃序 主編(2004, 128-129), 黃平·杜銘那克 主編(2006, 30) 참조.
[26] 宋麗娜(2006, 172)의 〈표 3〉 참조.

시했다. 도시의 많은 직종은 도시호구 소지자에게만 취업이 허용되고 농민공의 구직기회는 제한되었다. 이에 따라 농민공은 시민과 직접적 경쟁을 피하고, 시민이 기피하는 3D 직종에만 종사하게 되었다. 1990년대 말까지 중앙정부는 각급 지방정부가 실업자에게 우선적으로 일자리를 제공하도록 지시했고, 기업에서도 농민공 대신 실업자를 우선 고용하도록 했다(宋麗娜 2006, 168-169).[27]

농민공과 실업자 구직과정을 비교하면, 정부 개입과 이중적 노동력 시장 간의 관계를 보다 명확히 알 수 있다. 즉 시민(실업자 및 재취업자)은 개인 차원의 구직이 아니라 약 70%가 정부기관의 도움으로 취업하는 반면, 농민공은 정부기관의 도움을 거의 받지 못하고 35%가 시장경쟁, 61%가 개인적인 사회 연결망이나 자력으로 취업한다. 〈표 5-2〉를 보면, 시장경쟁을 통한 구직(광고 및 직원 모집 공고를 보고 지원)은 농민공, 실업자, 재취업자가 각각 35%, 14%, 16%이며, 정부기관을 통한 직업 소개 및 취업은 농민공, 실업자, 재취업자가 각각 3%, 74%, 70%이고, 사회 연결망을 통한 구직(친척, 친구, 아는 사람 소개)은 농민공, 실업자, 재취업자가 각각 26%, 4%, 7%이고, 자력 취업은 농민공, 실업자, 재취업자가 각각

〈표 5-2〉 농민공과 실업자의 구직 방법 비교

변 수	농민공(%)	실업자(%)	재취업 노동자(%)
시장을 통해 취업	35	14	16
정부기구를 통해 취업	3	74	70
인터넷을 통해 취업	26	4	7
자력으로 취업	35	1	5
기타	1	7	2
합계 (%)	100	100	100
표본 수(명)	1,128	424	409

출처 : 宋麗娜(2006, 174).

---

[27] 중국 도시에서 노동력 시장이 분할되어 있기 때문에 실업자와 농민공 간의 직업경쟁이 심하지 않다는 주장에 관해서는 다음 참조. 李路路(2003, 123-126).

35%, 1%, 5%이다(蔡昉·白南生 主編 2006, 173-174 ; 柯蘭君·李漢林 主編 2001, 84).

이런 직업 소개 및 취업 과정의 차이는 농민공과 실업자 간의 직종, 고용조건, 직장의 소유제 등의 차이와 밀접한 관계가 있다. 실업자는 정부의 소개로 비교적 안정적인 계약조건에서 노동환경이 나은 공유제 기업에 취업하는 반면 농민공은 정부의 도움이 없기 때문에 스스로 알아서 구직해야 하는 상황에서 불안정한 계약 조건을 가진 사유제 기업에 취업하게 된다. 따라서 중국 정부의 시민과 농민공에 대한 차별 정책은 이들의 직업, 더 나아가 경제수준을 결정하는 데 중요한 영향을 미치고 있다고 볼 수 있다.

4. 농민공의 주변화[28]

1) 고립된 거주공간 : 도시 속의 촌

중국에도 도시 빈민촌(城區角落)이 형성되고 있다. 이런 지역을 '도시 속의 촌'(城中村), '도시마을'(都市村庄), '도시 빈민촌'(城市 窩棚區)이라 부른다. 베이징의 '도시 속의 촌'은 주로 4환(環)에서 5환 사이 혹은 5환 밖에 분포되어 있다. 이

---

[28] 중국 농민공은 국내이동을 했지만 시민권(都市戶口) 없이 생활한다는 점에서 국제이동을 한 이민자와 비슷한 위치에 있다. 따라서 이민자의 사회문화적응 이론에서 베리(Berry)의 네 가지 유형(통합, 동화, 고립, 주변화) 중 주변화 유형은 중국의 동향촌 밖 농민공의 도시적응 과정을 설명하는 데 적용할 수 있다. 베리에 의하면, "주변화란 주류사회에 참여하지 못하고 자신의 문화도 잃어버리는 경우로 사회의 밑바닥 계층으로 전락하여 기성질서에 반항하는 가치관과 행동양식을 갖게 될 수 있다." 중국의 대부분 농민공은 임시직이고 도시 외곽의 저렴한 주택을 임대해 생활하면서 농촌 및 도시 어느 곳에도 뿌리를 내리지 못하고 도시 빈민층을 형성해 간다는 점에서 '주변화'되고 있다고 하겠다. 베리의 네 가지 유형에 대한 자세한 설명은 다음 참조. Berry(1987, 223-239).

런 지역의 특징은 도시와 농촌의 관리 체계가 이중적으로 관리되고, 농업호구를 지닌 농민공과 도시호구를 지닌 빈곤층 시민이 주로 거주하는 곳이다. 2004년 베이징시정부가 발표한 바에 의하면, 베이징시의 빈민촌은 343개이지만, 베이징사회과학원 조사에 의하면 적어도 358개에 이른다(北京市社會科學院 2005, 4, 9-11).²⁹

대도시 농민공 집중 거주지는 바로 이런 도시 근교의 농촌과 도시가 만나는 지역(城鄉結合部)으로 '도시 속의 촌'이라 부르기도 한다. 도시 근교구(近郊區)는 농가 주택을 저렴하게 임대할 수 있고 취업기회가 많기 때문에 농민공이 집중 거주하게 된 곳이다. 대도시 90% 이상의 농민공은 공장 내 공동 기숙사나 건축 현장에 거주하거나 도시 외곽의 저렴한 농가주택(平房)을 임대하여 생활한다. 도시 속의 촌은 농민공이 증가하면서 빈민굴화, 도시 관리의 공백지대로 변해 가고 있다. 이 지역 농민공은 시민과 사회적 교류가 없는 그들만의 고립된 생활을 하면서 주변화되고 있다(國務院硏究室課題組 2006, 274-275, 320-322).³⁰

베이징의 차오양구(朝陽區 太陽宮鄉 十字口村), 하이뎬구(海淀區 東昇鄉 八家村),³¹ 펑타이구(豊台區)는 베이징 농민공의 50% 이상이 거주하는 대표적인 '도시 속의 촌'이다. 2002년 베이징의 인구분포를 보면(8개구를 도심과 근교구로 구분), 시민은 농민공에 비해 도심 거주 비율이 9% 높고, 농민공은 시민에 비해 근교구 거주 비율이 18%나 높다(黃序 主編 2004, 194, 124-125).

---

29 베이징 외곽에 200여 개의 빈민굴이 있으며, 그곳에 거주하는 약 200만 명이 베이징의 안전을 위협할 수 있다는 문제가 2005년 8월 인터넷에서도 이슈화된 바 있다. 베이징 사회과학원 연구원과의 인터뷰, 2005년 8월 23일.
30 '도시 속의 촌' 농민공 거주지의 안전관리 방법에 관한 구체적 내용은 다음 참조. 北京市社會科學院 '北京城區角落調査'課題組(2005, 186-189).
31 하이뎬구 동성향 바자촌(海淀區 東昇鄉 八家村)은 1992년 얼리좡(二里庄)의 허난촌이 철거되자 이전한 곳으로, 도시호구와 농업호구 주민이 모두 거주하는 전형적인 '도시 속의 촌'이다. 1995년 통계에 의하면 상주인구를 제외한 외래인구는 5,000여 명이고, 그중 75%가 허난촌 농민공이었다. 唐燦·馮小双(2000, 73).

그러면 농민공은 왜 '도시 속의 촌'에 그들만의 고립된 거주지를 만들며 주변화될 수밖에 없는가? 농민공 주변화의 가장 중요한 요인은 경제적 빈곤 및 주택문제라고 볼 수 있다. 중국학자 한쥔(韓俊)에 의하면, "농민공은 도시에 들어와 거주할 수는 있으나 시민으로 융화되지 못한다(融入不了). 그 중요한 이유는 주택문제이다"(國務院硏究室課題組 2006, 350). 대도시 농민공의 주택문제는 단위제도 아래 실시한 사회주의적 주택정책과 밀접한 관계가 있다. 중국은 개혁기에도 여전히 국유부문이 비국유부문(사영, 향진, 자영업, 외자)에 비해 많은 복지혜택을 제공하고 있다. 따라서 직장이 어떤 소유제인가에 따라 직원 간의 불평등이 발생한다.[32]

중국 도시에서 시민과 농민공 간의 경제적 불평등을 유발하는 가장 중요한 요인은 단위에 의한 주택분배제도이다. 단위제도의 영향으로 농민공이 시민의 거주지에 들어가 동화되지 못하고, 도시 외곽에 '도시 속의 촌'을 형성하며 주변화되는 이유로 다음 몇 가지를 지적할 수 있다.

첫째, 1990년대 후반까지 중국 도시에서 임대할 수 있는 주택은 제한되어 있었다. 시민이 단위에서 분배받은 공유주택(公房)은 법적으로 임대할 수 없으며, 임대주택을 우대가격으로 구입해도 구입시점으로부터 5년이 지나야 임대가 가능했다. 따라서 임대할 수 있는 주택은 시장가격으로 구매한 상품주택과 지방정부의 허가를 얻어 자비로 지은 자건주택(自建住宅)[33]이다. 그런데 농민공은 상품주택은 임대료가 비싸므로 근교구의 농가 자건주택(平房)을 저렴한 가격으로 임대하여 생활해 왔고, 시간이 지남에 따라 이곳은 '도시 속의 촌'으로 변했다(전현택 2001, 119-120). 예컨대 하이뎬구 둥성향 바자촌(海淀區 八家村)은

---

[32] 단위에 의한 주택분배제도로 인한 농민공과 시민 간의 제도적 차별에 관해서는 다음 참조. Lu and Perry(1997), 이중희(2004, 203-207).
[33] 자건주택이란 1980년대 초·중반 정부에서 토지를 할당해 주고 여기에 농민이 새로 건축한 농가를 지칭한다.

대표적인 '도시 속의 촌'인데, 현지인과 외지인은 개인적 교류는 적지만 주택임대 면에서는 상호 이해관계를 공유하고 있다. 이곳 촌민의 99% 이상의 주요 수입원은 주택임대수입이다. 임대수입이 높은 가정은 매월 인민폐 만 위안(한화 약 130만 원) 정도였다(北京市社會科學院 '北京城區角落調査'課題組 2005, 14, 184-185).

둘째, 농민공이 도시에서 주택을 구입하여 정착하는 것은 극소수 경제적 상층(農民工商戶)을 제외하고는 사실상 불가능하다. 그 이유는 단위제도 아래 시민의 특권을 보호하는 중국 특유의 주택정책 때문이다. 즉 단위제도 아래서 단위 중심의 주택공급은 실물분배방식이었다. 개혁 이전에는 국가가 건설한 주택을 무상으로 단위에 공급하면, 단위는 그 주택을 단위 직원에게만 저가의 임대료를 받고 무상으로 공급했다. 단위에 속할 수 없는 농민공은 이런 단위주택 분배에서 배제되었다.

셋째, 1998년 7월 국무원은 〈도시주택제도 개혁 심화와 주택건설 촉진을 위한 통지〉를 발표하여 '주택상품화정책'을 실시했다. 즉 중국 정부는 복지주택의 신규건설 및 분배(長期賃貸)를 금지했고, 단위에서 분배받은 기존의 공유주택을 사용자에게 부동산 시장 가격보다 훨씬 낮은 가격으로 매각했다. 이처럼 단위 구성원(시민)에게 시장 가격보다 몇 배나 저렴한 가격으로 단위 주택을 구입할 자격을 준 것은 일종의 부의 재분배 혹은 특혜로, 일부 대도시 시민이 상당한 부를 획득하는 기회가 되었다.[34]

주택상품화 정책 이후 주택개혁방식은 다음 세 가지로 정리할 수 있다. 첫째, 국가는 공유주택을 단위 직원들에게 할인된 가격으로 판매한다. 둘째, 공유주택의 임대료를 인상하는 대신 임금보조비를 인상한다. 셋째, 기업이 주택공적금제도를 도입하거나 주택수당을 지급한다. 주택공적금제도란 일종의 강제

---

34 중국의 주택 상품화에 관해서는 다음 참조. 陳伯庚·顧志民·陸開和(2003, 230-257), 전현택(2001, 98-99, 107), 임반석(2003, 73).

적 장기 주택예금으로서 주택건설자금을 단위와 개인이 공동으로 부담하는 것이다. 즉 단위와 직원이 매월 정기적으로 일정액의 적립금을 납입하고, 적립된 주택공적금은 직공 개인의 소유이며, 직공주택의 기본수요와 주택건설자금 융자 등에만 사용할 수 있다(이중희 2004, 205-206).

그런데 농민공은 주택제도개혁 이후에도 주택구입 과정에서 여전히 시민과는 차별대우를 받고 있다. 농민공은 단위에서 저가로 임대했던 공유주택을 우대가격으로 구매할 권리가 없고,[35] 시장가격보다 저렴한 경제적용방(經濟適用房: 일종의 국민주택)[36]도 구매할 수 없기 때문에, 시장가격으로 상품주택을 구매하는 수밖에 없다. 주택담보대출이 힘든 농민공은 상품주택을 구입할 수 없을 뿐 아니라, '도시 속의 촌'의 농가는 대부분 촌 집체소유이기 때문에 매매가 금지되어 있는 경우가 많아 구매하기 힘들다.[37]

넷째, 주택공적금(住房公積金)제도는 1998년 '주택상품화정책'을 실시한 후 단위가 소속 직공에게 제공하는 화폐형식의 복지라 할 수 있다(전현택 2001, 74, 86 ; 백승기 2005, 159, 165). 그런데 주택공적금이나 주택수당제도를 보유한 기업

---

[35] 예컨대 중국사회과학원의 경우 주택제도개혁 이후 단위주택 구입과정에서 30년 동안 근무한 직원은 90평방미터를 신청할 수 있으며, 분배받은 주택을 실제 시장 가격의 거의 1/2 수준으로 구입할 수 있다. 장기 지방 근무로 주택 분배 경쟁에 불참했거나, 단위 내에서 인간관계가 아주 좋지 않거나, 입사한 지 얼마 안 되는 하급직원 외에는 거의 모두가 단위주택을 분배받았다. 중국사회과학원 연구원과의 인터뷰, 2005년 8월 25일.

[36] 베이징에서 1998년부터 중저소득층 공공부문 직원을 위한 경제적용방 판매가 시작되었다. 경제적용방의 가격은 상품주택보다 15~20% 저렴하지만, 단위가 제공하는 공유주택에 비하면 훨씬 비싸다. 경제적용방은 구매대상과 조건이 제한되어 있다. 경제적용방은 도시호구를 지닌 시민을 대상으로 하기 때문에 농민공은 제외되어 있다(백승기 2005, 158, 160).

[37] 한 베이징시민은 100평방미터 주택을 2002년 약 80만 위안에 구입했다. 80만 위안 중 16만 위안은 구입 당시 일시불로 지불했고, 나머지는 20년 동안 매월 5천 위안씩 분할 상환하는 조건이다. 분할상환이 불가능하다면 시민도 주택을 구입하기 힘들다. 그런데 농민공은 대부분 임시직이나 자영업이기 때문에 정기적이고 안정적인 수입이 없어서 분할상환 조건으로 주택구입이 힘든 실정이다. 따라서 베이징 같은 대도시에서 농민공이 주택을 소유하기는 현실적으로 아주 힘들다. 베이징 사회과학원 연구원과의 인터뷰, 2006년 8월 22일.

비율을 보면, 시민이 주로 취업해 있는 국유기업 63.5%, 도시 집체기업 44.3%인 반면, 농민공이 주로 취업해 있는 향진기업 8.4%, 사영기업은 5%만이 이 제도를 도입하고 있다. 주택복지를 제공하지 않는 향진집체기업은 62.8%, 사영기업은 68.8%임을 고려할 때, 농민공은 주택공적금 제도에서도 배제되고 있다(이중희 2004, 207). 경제적용방, 주택공적금제도는 1998년 주택제도개혁 이후 저소득층 시민들의 주택마련을 지원할 목적으로 만든 시스템이다. 이런 주택마련 혜택에서도 도시의 극빈층을 형성하는 농민공은 제외되었다는 점에서, 시민과 농민공 간의 제도적 차별은 단위제도개혁 이후에도 큰 변화가 없다.

따라서 주택제도개혁에도 불구하고 향진기업이나 사영기업에 비해 국유기업 직원의 혜택이 크기 때문에 국유와 비국유 직장 간의 불평등은 여전히 남아 있다. 주택공급 과정에서의 소유제별 불평등은 도시에서 단위에 속한 시민과 단위 밖에서 일하는 농민공 간의 경제적 불평등으로 이어지게 된다. 중국의 '사회주의적 유산'(단위, 호구에 기초한 시민복지정책)은 농민공의 빈민화 더 나아가 도시에 정착하지 못하는 주변화로 이어진다고 볼 수 있다.

중국 도시의 시민은 단위에서 분배받은 주택을 시장가격의 50% 이하로 구매하는 특권을 받은 반면, 토지를 임대받은 농민은 토지를 토지시장가격보다 저렴하게 구매할 권리가 없다는 것은 제도개혁 이후에도 시민과 농민 간의 정책적 불평등이 남아 있음을 단적으로 보여준다. 이런 불평등 때문에 농민공은 토지를 팔아 자본을 만들지 못하고, 노동력만 가지고 도시로 들어온다. 이주 초기의 경제적 무능력은 시장에서 경쟁력을 약화시키고, 농민공이 도시 빈민화·주변화되는 요인이라 하겠다.

2) 사회적 빈곤 : 고립된 사회관계

농민공이 도시문화에 적응하여 시민으로 정착하기 위해서는 안정적 직업, 경제소득을 기초로 현지인과 사회적 교류를 통해 시민과 유사한 문화 및 가치관을 형성하는 것이 필요하다. 대부분 농민공은 비교적 안정된 직업을 구하고, 경제적 소득을 향상시키는 것보다 더 어려운 것이 현지인과 자유롭게 사회적 교류를 할 만큼 사회적 지위를 향상시키는 것이다. 농민공의 낮은 사회적 지위는 현지인과 교류의 장애이며, 현지인과 유사한 도시생활방식에 접근하기도 어렵다. 실제 대부분의 농민공은 시민과 사적인 사회관계나 감정적 교류 없이 농민공끼리 고립되어 생활한다(李强 2004, 279).[38]

농민공은 이농으로 사회, 문화적 빈곤에 직면하게 되는데, 이는 시민화를 가로막는 장애물이다. 농민공의 고향에서의 사회연결망(동향, 친구, 친척 등)이 사회공간 이동으로 약화되며, 도시 시민의 사회적 편견 및 차별로 인해 문화적 적응능력도 약화된다. 따라서 호구제도를 개혁해도 문화적 자본 부족 때문에 농민공의 시민화는 어렵다(黃平·杜銘那克 主編 2006, 7-8, 12).[39] 1982년 고향을 떠나 도시로 이농하여 베이징인과 결혼한 지 13년 정도 지난 한 여성 농민공(打工妹)의 고립된 사회관계는 경제적 문제나 호구의 문제가 아님을 보여준다.

나는 베이징인과 결혼한 지 13년 정도 되었고, 남편 직장이 중앙 단위(中央 1級 單位)이기 때문에 2001년 베이징 호구를 획득했다. 그러나 10년 이상 거주한 베이징에서 이웃에 사는 시민 친구는 단 한 명도 없다. 가족 외에는 베이징인의 사회관계 속으로 들어갈 길이 없다. 초등학교에 다니는 딸 친구 학부모나 교사 등의 베이징인과 적극적으로 사회관계를 형성하고 싶지만, 공통의 화제가 없기 때문에 친해지기 어렵다. 베이징에서 내가 만나는 친구는 외지에서 온 농민공이다. 그들

---

[38] 농민공의 사회관계에 관한 이론적 분석은 다음 참조. 張繼焦(2004, 63-119).
[39] 중국인민대학 사회학 전공 교수와 인터뷰, 2005년 8월 16일.

과 함께 있을 때 편하고 즐겁고 자신감이 있다. 2001년 남편 인맥을 통해 대학에 정규직 직원으로 취업했으나 적응하지 못했다. 결국 2005년 5월 주위 사람들의 반대를 무릅쓰고 보수가 낮은 비정규직인 농민공자녀학교(民工子弟學校)로 이직했는데, 후회하지 않는다.[40]

농민공의 사회공간적 이동으로 인한 사회적 빈곤은 농민공 간의 사회적 교류 약화 및 농민공과 시민 간의 사회관계 단절로 나타난다. 베이징시 스징산구 펑궈위안가도의 농민공은 동향촌과 달리 직종과 출신지가 서로 다르며, 고향사람끼리도 정보 교류가 적은 상태에서 상호 고립되어 생활한다. 이동이 잦은 이들은 언제 떠날지 모르는 사람들이므로 이 지역주민으로서의 정체성이 거의 없고, 주민끼리 서로 사귀려는 적극적인 의지도 약하다.[41]

또한 베이징 농민공은 시민과의 사회관계에서도 고립되어 있다. 베이징 농민공 중 고용주와의 관계를 제외하고, 현지 시민과 일상적 교류를 하는 사람은 극히 적다. 그 이유는 사회차별과 무시다. 농민공은 "베이징인이 외지인을 무시하고, 좋아하지 않는다"고 느낀다. 농민공은 10년 이상 도시에서 거주했는데도 자신을 시민이라 인식하는 사람은 극히 드물며, '주변인'(邊緣人)으로 간주한다(黃平·杜銘那克 主編 2006, 7-8, 12).[42]

이런 농민공의 사회적 빈곤은 농민공의 시민에 대한 가장 큰 불만이 경제적 문제가 아니라 '시민의 농민공 무시'라는 점을 보아도 알 수 있다. 농민공의 2/3는 시민과 친구로 교류하려 하지 않는다(李强 2004, 226-227, 274-275). 농민공의

---

40 베이징인과 결혼한 여성 농민공과의 인터뷰, 2005년 6월 26일.
41 베이징시 스징산구 펑궈위안가도 류냥푸소구(劉孃府小區) 농민공들과 인터뷰, 2006년 8월 17일. 이 농민공 거주지는 현지인은 2천여 명인데 외지인은 만 명 이상인 전형적인 '도시 속의 촌'으로 허베이, 허난인들이 주류이나 기타 지역 농민공도 거주하고 있다.
42 상하이에서 다양한 직종에 종사하는 52명의 외지인을 대상으로 조사한 자료에 의하면, 외지인이 상하이 사회에 들어가 상하이인으로 동화되는 것이 힘든 이유는 제도적 차별 외에도 상하이인의 사회·문화적 차별이 강하게 영향을 미치고 있음을 알 수 있다. 자세한 내용은 다음 참조. 陳映芳(2003).

사회관계를 보면, 친구 20%, 부부 17%, 형제자매 13%, 직장 동료 13%를 차지한 반면, 도시 아는 사람 1%, 도시의 이웃 1.2%, 집주인 1.3% 등으로 도시 시민과 교류는 극히 제한적이다. 시민과 교류하는 대상은 주로 주민위원회 및 파출소 직원, 집주인이라 볼 수 있다(柯蘭君·李漢林 主編 2001, 84, 87-88). 대다수 농민공은 그들의 경제수입, 소비수준, 사회지위, 주거상황, 권리 및 발전기회 면에서 시민에 비해 훨씬 낮다고 인식한다. 농민공은 고향사람과 비교해도 크게 나아진 것이 없다고 느낀다(柯蘭君·李漢林 主編 2001, 112-119).[43] 이를 통해 볼 때 농민공은 도시와 농촌에서 모두 사회관계 및 정체성이 약화되면서 주변화되고 있음을 알 수 있다.

이런 농민공의 주변화 현상을 중국학자 왕춘광(王春光)은 반도시화(半城市化)라고 해석한다. 그는 반도시화 현상이 구체적으로 여섯 가지로 나타난다고 본다. 즉 취업 비정규화, 거주지 외곽화, 생활 고립화, 사회적 위신 약화, 발전능력 약화, 사회정체성 모호 등을 지적한다(王春光 2005, 41-57).

이 장을 정리하면, 사회주의 중국의 특수한 국민통제방식을 보여주는 대표적인 제도가 사회주의 유산으로 알려진 '호구 및 단위제도'이다. 이 두 제도는 계획경제체제가 확립되는 1950년대 말 형성된 후 서로 상호작용하며 농민을 제도적으로 배제하고 시민에게만 자원을 독점적으로 분배하는 기능을 했다. 이런 사회주의 유산은 개혁 이후에도 중국 국민을 출신지에 따라 등급을 구분한 후 사회·경제적 차별을 유지하는 데 이용되었다. 따라서 1980년대 뒤늦게 도시로 새로 진입한 농민공 역시 제도적 차별로 인해 시민과 불평등한 경쟁상황에 놓이게 되었고, 그 결과 대부분이 시민으로 통합되지 못하고 '주변화'되는 중국적 특징을 보여주고 있다.

---

[43] 농민공이 시민화되기 힘든 이유는 사회적 지위가 낮기 때문이라는 지적에 관해서는 다음 참조. 劉懷廉(2005, 174-195).

이 장에서는 동향촌 밖의 '도시 속의 촌'에 거주하는 농민공의 도시적응과정의 특징을 '도시 빈민화' '주변화' 개념을 중심으로 살펴보았다. 이를 통해 '동향촌 밖에' 거주하는 농민공이 2000년대 호구제도개혁 및 차별정책 폐지라는 제도 변화에도 불구하고 어떤 이유로 시민화에 실패하게 되는지 설명했다. 즉 대다수 농민공의 주변화, 도시 빈민화의 배경을 제도적 차별, 경제적 빈곤, 고립된 거주 공간, 사회적 빈곤이라는 네 가지 요인을 중심으로 살펴보았다. 그동안 중국의 대도시 농민공의 시민화를 가로막는 요인으로 호구제도에 기초한 제도적 차별을 주로 지적했다. 그러나 이 논문에서는 호구 자체보다는 사회주의적 유산(호구, 단위제도와 연결된 다양한 사회복지 혜택의 차별)으로 인한 경제·사회적 자본의 빈곤을 시민화를 가로막는 더 중요한 요인으로 지적했다.[44]

따라서 농민공 문제를 해결하는 방안은 호구제도개혁만으로는 불충분하고, 그 외에도 농촌 토지의 재산권제도개혁, 사회보장제도개혁, 통일적인 노동력 시장 형성 등에 기초하여 농민공이 합리적으로 도시로 이동할 수 있도록 해야 할 것이다.

한편 이런 연구는 다음과 같은 점에서 기존 연구와 차별성을 보여준다. 베이징 동향촌 농민공을 대상으로 한 사회계층분화 연구는 농민공이 외지인, 불법체류자라는 부정적 이미지의 동질성보다는 다양한 사회계층으로 구분되는 이질성 강한 사회집단임을 강조한다. 더 나아가 이런 연구는 동향촌 농민공 중 시장에서 성공한 경제적 상층은 현지인과의 적극적인 사회관계 형성을 통해 이미 주류사회에 진입하여 시민화되고 있음을 보여주었다. 이런 연구는 시장을 통한 경제적 성공으로 호구 및 단위제도의 장벽을 넘어 제도권 내로 들어 올 수 있는 가능성을 보여주었다는 점에서 의미가 있다. 그러나 동향촌 내부의 경제

---

[44] 농민공이 도시에서 주변화되는 이유 및 현황을 다양한 직종 농민공의 체험담을 통해 소개한 단행본은 다음 참조. 陸漢洲(2005), 周擁平 等(2004), 王穎(2005a ; 2005b).

적 상층은 전체 1억 2천만여 명의 농민공 중 극소수라는 점을 고려할 때, 계층에 따른 이질성은 일반적인 농민공의 도시적응과정을 설명하기에는 대표성이 약하다고 하겠다. 이런 점을 보완하기 위해 이 장에서는 동향촌 밖에서 생활하는 농민공의 도시적응과정에서 왜 '동질성'이 강하게 나타나는지를 중국적 특성을 지닌 제도와 관계 속에서 설명했다.

제6장

결 론

1. 호구제도의 미래

    1949년 중국의 농촌혁명 혹은 사회주의 혁명이 성공한 후 1956년까지 국유화 조치를 통해 자본가, 지주들은 사유재산을 잃고 평민이 되었다. 이런 공유제 기반 위에서 1956년부터 1976년 마오쩌둥이 사망할 때까지 중국식 사회주의 건설을 추진했다. 그 핵심은 공유제, 계획경제, 평등분배였다. 사회주의 건설 과정에서 역사적으로 상술이 탁월하다고 알려진 중국 상인, 활기를 띠었던 시장이 사라지고, 유산계급은 무산계급으로 변화되는 평등사회를 실현했다. 이런 혼돈, 무질서, 파괴의 20년은 경제발전의 정체라는 대가를 치렀지만, 1949년 이전의 전통 및 봉건제 유산을 철저하게 개혁, 정리하는 시기였다고 볼 수 있다. 특히 1966년에서 1976년까지 문화대혁명 10년은 자본가, 지주, 관료, 지식인에 대한 비판을 통해 전통과 기득권을 파괴하는 과정으로서 '과거 기억 지우기'였다고 볼 수 있다. 이런 혁명이 가져온 변화로 국가–사회관계는 사회 영역이 사라지고 국가가 모든 권력을 독점하고 중국을 통치하는 '강한 국가'가 되었다.
    이러한 전통과의 단절의 시기는 1978년 시작된 개혁·개방을 추진할 수 있는 기초를 닦는 과정이었다고 볼 수 있다. 1956~1976년까지 마오식의 사회주의 건설과정은 국유화 조치로 국가의 경제적 기반을 형성하고, 정부 조직을 공산당 간부로 채웠다. 1978년 권력을 장악한 개혁파는 비록 마오쩌둥의 사회주의 건설 방식을 비판했지만, 그들의 '강한 국가'는 마오가 만들어 준 거대한 유산이었다. 개혁개방 과정에서 정책결정이나 집행에 영향력을 미칠 수 있는 사회세력이란 존재하지 않았고, 국가 관료는 자율성을 기초로 그들만의 방식으로 개혁과 개방이라는 '조용한 혁명'을 추진할 수 있었다. 1978년 시작된 개혁·개방 정책은 2007년 현재 약 30여 년이 지났고, 이 시기는 마오쩌둥식 사회주의 건설기에 해당하는 20여 년(1956~1976)보다 더 긴 격동의 시기였다. 개혁기 중국은 사회주의, 자본주의 개념만으로는 설명할 수 없는 사회적 변화를 정당화하기 위해 '사회주의 시장경제 체제'를 표방하고 있다.

개혁기에 도입된 시장화, 사유화, 분권화는 개혁 이전 사회주의 유산과 결합하여 중국식의 발전모델을 만들어 가고 있다. 과거 계획 및 배급경제에 기초한 사회주의체제를 형성하는 데 단위제도와 호구제도는 핵심적인 사회통제제도였다. 특히 도시 시민을 관리했던 단위제도는 호구제도 없이는 유지할 수 없었다는 점에서 호구제도는 사회주의적 사회관리방식의 근간이었다. 그런데 시장화의 결과 호구제도의 개혁, 더 나아가 폐지는 사회주의적 사회관리방식의 변화라고 해석할 수 있다. 따라서 시장화, 사유화는 계획경제, 배급경제의 폐지에서 더 나아가 사회주의체제를 지탱해 온 사회제도마저도 개혁하고 있음을 알 수 있다.

중국의 경제개혁 과정이 점진적·실험적 과정을 거쳤던 것처럼 호구제도개혁 논의도 점진성, 실험성을 보여주었다는 점에서 '중국적 특수성'을 확인할 수 있다.[1] 1989년 이후 농민의 자발적인 이농이 급증하자 1995년부터 중국 정부의 대응은 '이농금지'(귀향조치)에서 농민공을 행정 통제 범위 내로 받아들이는 '집

---

[1] 중국경제성장을 설명하는 점진성, 실험성에 관한 내용은 다음 참조. Rawski(1999, 115-137, 139-156), 정재호(2002, 8-13), Nolan(1995).

중관리'(임시거주증 발급)로 정책방향을 바꾸기 시작했다. 중국 정부는 '제도적'으로는 거주이전의 자유를 금지하고, '현실적'으로는 거주이전의 자유를 묵인하거나 암묵적으로 허용해 갔다. 호구제도개혁은 1990~1994년 금지와 묵인 병행 → 1995~1999년 소도시호구개방 → 2001~2005년 대도시호구개방 및 호구개혁 공론화로 그 범위가 점진적으로 확대되었다. 지역적으로는 광저우나 선전처럼 베이징에서 멀리 떨어진 지역에서 호구제도개혁을 실험한 후, 성과가 좋으면 다른 지역으로 확산시키는 실험적 방법을 적용했다.

　호구제도가 완전히 폐지되지는 않았지만, 행정수단을 이용하여 자유로운 인구이동을 금지했던 기능은 이미 정지되었다. 예컨대 2003년 〈도시 유랑자 수용 및 송환 규정〉(1982년 제정)이 폐지된 상황에서 베이징시는 유동인구를 총량통제할 수 있는 행정수단이 없어졌다. 2000년 초 베이징시가 제시한 유동인구 총량은 원래의 300만 명에서 215.8만 명 이내로 줄었다. 그러나 이미 2002년 반년 이상 베이징에 거주한 유동인구가 286.9만 명으로 목표치를 넘어섰다. 이 수치는 등록된 유동인구이고, 등록되지 않은 사람까지 포함하면 베이징의 실제 외래인구는 448만 명에서 537만 명으로 추정된다. 따라서 외래인구를 215.8만 명 이내로 줄이는 것은 현실적으로 불가능하다(李强 2005, 32-33). 인구 증가를 가장 엄격하게 통제해 온 중국의 수도 베이징에서 외지인 증가를 통제할 수 없는 상황이라면, 다른 지역에서 호구제도의 기능은 더욱 약화되었다고 볼 수 있다.

　호구제도 유지를 주장하는 입장에서는 13억 인구를 지닌 중국의 특수성을 강조한다. 즉 중국은 다른 나라와는 달리 인구이동을 통제하는 호구제도를 유지하여 농민 이농으로 인한 대도시로의 인구집중을 막아야 한다는 것이다. 그러나 중국 농촌문제의 심각성, 제도적 차별에 대한 비판적 여론, 도시화가 불가피한 추세임을 고려할 때, 장차 호구제도는 폐지될 가능성이 높다.

2. 인구이동과 '조화로운 사회' 건설

21세기 중국은 세계의 공장으로 부상하고 있다. 인류가 소비하는 생필품의 상당 부분이 중국에서 만들어지고 있다. 『파이낸셜 타임스』는 중국이 2020년 현재 1위인 미국을 제치고 '세계 최대 제조업 국가'의 지위를 차지할 것으로 전망했다. 중국은 1995년에만 해도 세계 제조업 생산에서 차지하는 비율이 4.6%에 불과하여, 24%였던 미국에 크게 뒤졌다.[2] 지난 10여 년 동안 국제사회에서 중국의 경제적 위상이 변화되어 강대국화를 우려하는 목소리도 커지고 있다. 이처럼 중국이 세계적인 제조업 국가로 성장해 온 이면에는 묵묵히 공장에서 저임금 노동을 해 온 농민공이 있었다.

중국기업연합회가 2004년 2월 베이징에서 발표한 문건 〈2003년 중국 천개 기업관리 조사연구보고〉(中國千戶企業管理調査研究報告)에 의하면, 2차 산업 중 농민공 비율은 57.6%이며, 그중 가공제조업에서 농민공 비율은 68%, 건축업은 80%에 달한다. 3차 산업에서 농민공 비율은 52%로, 농민공은 이미 중국 산업노동자의 주력군이다. 개혁기 급속한 도시화의 결과 농촌인구는 1978년 82%에서 2003년 60%로 감소했다. 중국의 WTO 가입 이후 농민공은 급증했으며, 70% 농민공이 16~35세 사이이며 임금은 대부분 300~600위안이고, 1/3의 농민공이 여성이다(黃平 2006, 205, 243). 1990년대 후반 중국 중서부 지역의 농민문제가 심각해지고, 동부와 중서부 지역 간 소득격차 및 도농 간 소득격차가 확대되자 농민공이 더욱 급증했다. 중앙정부는 농촌의 농민빈곤 및 도시의 농민공 문제를 해결하기 위해 2005년 초 새로운 발전관으로 '조화로운 사회 건설'을 제기했고, 농민공에 대한 정부의 관심이 높아졌다.

---

[2] "중국, 2020년 '세계 최대 제조업 국가' 등극," 『동아일보』(07/05/24)

2000년대 초 호구제도개혁과 함께 농민공에 대한 '사회적 인식' '법적 지위'에도 변화가 나타났다. 농민공에 대한 중국사회의 인식은 '비합법적 공간'에서 '합법적 공간'으로 이동하기 시작했다. 즉 첫째, 호구제도개혁으로 불법체류자의 이미지 약화, 둘째, 농민공 직종제한 폐지로 시장에서 시민과 동등한 경쟁, 셋째, 사회문제의 주범에서 도시발전에 공헌한 노동자 등으로 농민공에 대한 긍정적 이미지가 부각되기 시작했다.3

그러나 중국의 농민공은 일부 성공한 사업가를 제외하고는 도시의 주류사회에 진입하여 시민화되지 못하고 주변화, 도시 빈민화되고 있다. 농민공의 양적 규모, 집단적 저항 등을 고려할 때 대도시 농민공의 주변화는 사회불안정 요인이 될 수 있다는 점에서 최근 중국 정부의 관심과 관리의 대상이 되고 있다. 2000년대 중국 대도시 농민공의 주변화는 농촌문제 해결, 균형발전을 통한 '조화로운 사회 건설'을 추구하는 후진타오체제의 정책에서 커다란 부담으로 작용할 가능성이 크다.

---

3 王春光, "農民工流動中面臨的社會制度問題," http://www.socialogy.cass.cn (검색일 : 2006년 1월 17일).

참고문헌

김시중. 1998. "중국 향진기업의 성장요인과 전망."『경제논집』. 제37권 제2·3호.
_____. 1999. "중국 국유기업 개혁의 특징과 성과."『현대중국연구』. 2집(11월).
_____. 2005. "중국경제 얼마나 독특한가?"『경제학연구』(한국경제학회). 제53집 제2호.
리창핑(李昌平). 2006. "농촌의 위기." 왕후이 외 지음. 장영석·안치영 옮김.『고뇌하는 중국』(서울 : 길).
백승기. 2005. "중국 도시주택개혁정책의 실시 성과에 관한 연구."『주택연구』. 제13권 3호.
샤오쉐후이(蕭雪慧). 2006. "교육은 산업화의 대상인가 또는 필요한 유토피아인가?" 왕후이 외 지음. 장영석·안치영 옮김.『고뇌하는 중국』(서울 : 길).
서석흥. 1996/7. "중국의 국유, 집체, 사영기업의 경영특성에 관한 비교연구."『중소연구』. 통권 72호.
_____. 2000. "비국유기업의 발전과 역할." 고정식 외.『현대중국경제』(서울 : 교보문고).
_____. 2002. "중국의 소유제 개혁과 비국유기업의 발전." 정재호 편.『중국 개혁-개방의 정치경제(1980-2000)』(서울 : 까치).
설동훈. 2000.『노동력의 국제이동』(서울 : 서울대출판부).
윤인진. 2003. "코리안 디아스포라-재외한인의 이주, 적응, 정체성."『한국 사회학』. 제37집 4호.
이근·한동훈 지음. 2000.『중국의 기업과 경제』(서울 : 21세기북스).
이덕빈 저. 양필승·윤정분 역. 1989.『중화인민공화국경제사(1)』(서울 : 교보문고).
이민자. 2001.『중국 농민공과 국가-사회관계』(서울 : 나남출판).
_____. 2004. "중국 온라인 공간의 주도권 쟁탈전."『한국과 국제정치』. 제20권 제4호.
_____. 2006. 중국의 시장화와 사회제도개혁 : 2000년대 호구제도개혁 논의를 중심으로."『신아세아』. 제13권 제2호.
이일영. 2005. "중국의 농촌개혁과 '삼농'문제." 김익수 외.『현대 중국의 이해』(서울 : 나남출판).
이중희. 2004. "단위체제의 변화 : 배경, 결과 및 전망." 전성흥 편.『전환기의 중국사회 II』(서울 : 오름).
임반석. 2003.『중국 주택상품화 연구』(서울 : 해남).
전현택. 2001. "북경시 주택 상품화의 전개과정과 공간적 패턴." 서울대학교 박사학위논문.
정재호 편. 2002.『중국 개혁-개방의 정치경제 1980-2000』(서울 : 까치).
정종호. 2002. "국가와 유동인구 : 이농(離農)의 정치경제." 정재호 편.『중국 개혁-개방의 정치경제 1980-2000』(서울 : 까치).

_____. 2000. "중국의 流動人口와 국가-사회관계-北京 浙江村 사례를 중심으로." 『비교문화연구』. 제6집 2호.

_____. 2003. "이농민에서 기업가로 : 북경 절강촌(浙江村) 유동인구의 사회계층분화." 『한국문화인류학』. 제36집 2호.

_____. 2005. "현대 중국사회의 연속성과 불연속성 : 호구제도개혁을 중심으로." 김익수 외. 『현대 중국의 이해』(서울 : 나남출판).

지만수. 2005. "16기 5중 전회를 통해서 본 중국 11차 5개년 계획의 주요내용과 의미." 『KIEP 오늘의 세계경제』. 제05-37호.

대한무역투자진흥공사(KOTRA). 2006. "중국경제 2005년 5대 사건과 2006년 5대 과제"(서울 : KOTRA).

후안강(胡鞍鋼). 2006. "평등과 효율." 왕후이 외 지음. 장영석·안치영 옮김. 『고뇌하는 중국』(서울 : 길).

柯蘭君. 2001. "全球力量與外來妹 : 珠江三角洲的社會新景觀." 柯蘭君·李漢林 主編. 『都市里的村民 : 中國大城市的流動人口』(北京 : 中央編譯出版社).

柯蘭君·李漢林 主編. 2001. 『都市里的村民 : 中國大城市的流動人口』(北京 : 中央編譯出版社).

江流·陸學藝 主編. 1995. 『1994~1995年 中國社會形勢分析與豫測』(北京 :中國社會科學出版社).

建設部調硏組. 2006. "農民工進城對城市建設提出的新要求." 國務院硏究室課題組. 『中國農民工調硏報告』(北京 : 中國言實出版社).

高向東. 2003. 『大城市人口分布變動與郊區化硏究』(上海 : 復旦大學出版社).

郭虹. 2005. "農民工的市民化思考." 李眞 主編. 『流動與融合』(北京 : 團結出版社).

廣東外來農民工聯合課題組. 1995. "在流動中實現精英移民." 『戰略與管理』. 第5期.

邱繼成 外. 1988. "農民轉換社會身分的自由." 發展硏究所綜合硏究組. 『改革面臨制度創新』(上海 : 三聯書店).

國家統計局調硏組. 2006. "當前農民外出務工情況分析." 國務院硏究室課題組. 『中國農民工調硏報告』(北京 : 中國言實出版社).

國務院硏究室課題組. 2006. 『中國農民工調硏報告』(北京 : 中國言實出版社).

藍海濤. 2000/1. "我國戶籍管理制度的歷史淵源及國際比較." 『人口與經濟(京)』.

勞動和社會報障部調硏組. 2006. "當前農民工流動就業數量, 結構與特點." 國務院硏究室課題組. 『中國農民工調硏報告』(北京 : 中國言實出版社).

農業部軟科學委員會辦公室. 2001. [農民收入與勞動力轉移](北京 : 中國農業出版社).

唐燦·馮小双. 2000. ""河南村」流動農民的分化." 『社會學研究』. 第4期.
董志凱. 2000/9/5. "新中國50年所有制結構的變遷." 『聯合論壇』.
杜越·汪利兵·周培植 主編. 2004. 『城市流動人口子女的基礎教育』(杭州：浙江大學出版社).
鄧鴻勛·陸百甫 主編. 2006. 『走出二元結構–農民工, 城鎮化與新農村建設』(北京：發展出版社).
劉建軍. 2000. 『單位制度』(天津：天津人民出版社).
劉玲. 2001. "城市里的村民：中國大城市農村外來人口的狀況和自我感受." 柯蘭君·李漢林 編. 『都市里的村民：中國大城市的流動人口』(北京：中國編譯出版社).
劉世定·王漢生·孫立平·郭于華. 1995. "政府對外來農民工的管理." 『管理世界』第6期.
劉世定·劉能. 2003. "戶籍–身分制, 貧民區與社會安全：一個理論準備." 李培林 主編. 『農民工』(北京：社會科學文獻出版社).
劉祖雲. 1994/6. "中國社會流動的現狀與趨勢初探." 『社會科學研究』(成都).
劉豪興. 1995/3. "民工潮的發展趨勢初探." 『復旦學報』(社科版).
劉懷廉. 2005. 『中國農民工問題』(北京：人民出版社).
潘盛洲. 1994. "農村勞動力流動問題研究." 『管理世界』第3期.
北京市勞動局 編, 1999. 『外地進京務工人員必讀』(北京：地震出版社).
"北京市外地來京務工經商人員管理條例 (1997. 6)." 北京市勞動局 編. 外地進京務工人員必讀』(北京：地震出版社, 1999).
北京市政府, 1995. "北京市外地來京務工經商人員管理文件匯編" (北京：北京市政府).
楊東平. 2006. "2006年 轉型中的中國教育." 汝信·陸學禮·李培林. 『2007年 中國社會形勢分析與豫測』(北京：社會科學文獻出版社).
王秋生. 2005. "農民工就業的現實障碍." 李眞 主編. 『流動與融合』(北京：團結出版社).
李强·张涛 編寫. 2006. 『农民工就业指导手册』(北京：中國工人出版社).
馬洪·孫尙清 主編. 1996. 『中國經濟形勢與展望』(北京：中國編譯出版社).
莫榮. 2004. "勞動力供大于求狀況下的民工和技工短缺." 汝信·陸學禮·李培林. 『2005年 中國社會形勢分析與豫測』(北京：社會科學文獻出版社).
白南生·宋洪遠 等. 2002. 『回鄉還是進城』(北京：中國財政經濟出版社).
邊燕杰 主編. 2002. 『市場轉型與社會分層』(北京：三聯書店).
北京市社會科學院 '北京城區角落調査'課題組. 2005. 『北京城區角落調査』(北京：社會科學文獻出版社).
謝良敏·畢穎 編寫. 2006. 『農民工權益維護手冊』(北京：中國工人出版社).
史柏年 等 編著. 2005. 『城市邊緣人』(北京：社會科學文獻出版社).
徐學明 編著. 2005. 『進京戶口』(北京：法律出版社).

薛暮橋. 1990. "從新民主主義到社會主義初級階段." 서석흥 편역. 『중국사회주의 개혁의 진로』(서울 : 풀빛출판사).
孫立平. 1996. "農民工是洪水猛獸嗎." 『農業經濟』 5.
_____. 2003. "城鄕之間的新二元結構與農民工流動." 李培林 主編. 『農民工』(北京 : 社會科學文獻出版社).
宋麗娜. 2006. "中國勞動力市場中有權益階層與無權益階層的抗衡 : 尋求就業與政府幹預." 蔡昉·白南生 主編. 『中國轉軌時期勞動力流動』(北京 : 社會科學文獻出版社).
宋林飛. 1995. "民工潮的形成 趨勢與對策." 『中國社會科學』. 第4期.
_____. 1996. "中國農村勞動力的轉移與對策." 『社會學研究』. 第2期.
隨曉明 編著. 2005. 『中國民工調査』(北京 : 群言出版社).
時憲民. 1999. "中國沿海經濟中心城市勞動力流動與體制改革." 『社會學研究』 第3期.
失昆·郭姨 編著. 2005. 『外出務工人員法律援助指南』(北京 : 中國工人出版社).
孫淑清. 1999. "北京外來工 : 社會學, 經濟學視覺研究." 『人口與經濟』 第5期.
呂世平 外. 2003. 『WTO與中國産業發展』(鄭州 : 鄭州大學出版社).
呂紹靑·張守禮. 2001/4. "城鄕差別下的流動兒童敎育－關於北京打工子弟學校的調査." 『戰略與管理』. 第2期.
呂焱. 2005. "反貧困與農村勞動力流動." 李眞 主編. 『流動與融合』(北京 : 團結出版社).
吳雲霞. 1999/10. "論戶籍制度的梯度化改革." 『社會科學(滬)』.
吳航. 2000. "當代中國戶口制度改革的探索." 『人口學刊』 第2期.
王建民·胡琪. 1996. 『中國流動人口』(上海 : 上海財經大學出版社).
王奮宇·李路路. 2001. 『中國城市勞動力流動 : 從業模式, 職業生涯, 新移民』(北京 : 北京出版社).
王穎. 2005a. 『中國農民打工調査』(北京 : 中共中央黨校出版社).
_____. 2005b. 『中國民工潮 : 關於打工族生存狀況的調査報告』(北京 : 長征出版社).
王玉芬 編著. 2005. 『農民負擔問題政策法律解答』(河南 : 河南人民出版社)
王春光. 1995. 『社會流動和社會重構－京城'浙江村'研究』(杭州 : 浙江人民出版社).
_____. 2003. "新生代農村流動人口的外出動因與行爲選擇." 李培林 主編. 『農民工』(北京 : 社會科學文獻出版社).
_____. 2005. "農民工的'反城市化'問題." 李眞 主編. 『流動與融合』(北京 : 團結出版社).
外來農民工課題組. 1995. "珠江三角洲外來農民工狀況." 『中國社會科學』. 第4期.
於蜀·張茂林. 1998/5. "九十年代以來我國人口遷移新特徵探討." 『人口硏究』. 第22卷 第3期.
於洪生 等. 2006. 『城郊村』(北京 : 社會科學文獻出版社).

劉夢琴. 2001. "石牌流動人口聚居區研究-兼與北京浙江村比較." 柯蘭君, 李漢林 主編. 『都市裏的村民』(北京：中央編譯出版社).
劉斌 外. 2004. 『中國三農問題報告』(北京：中國發展出版社).
劉玉亨. 2005. 『轉型期中國城市貧困的社會空間』(北京, 科學出版社).
陸益龍. 2003. 『戶籍制度』(北京：商務印書館).
汝信·陸學禮·李培林. 2004. 『2005年 中國社會形勢分析與豫測』(北京：社會科學文獻出版社).
陸學藝 主編. 2004. 『當代中國社會流動』(北京：社會科學文獻出版社).
陸學藝. 2004. "調整城鄉關係, 解決好農村, 農民問題." 汝信·陸學藝·李培林. 『2005年 中國社會形勢分析與豫測』(北京：社會科學文獻出版社).
陸漢洲. 2005. 『聚焦中國農民』(北京：中國經濟出版社).
殷志靜·鬱奇虹. 1996. 『中國戶籍制度改革』(北京：中國政法大學出版社).
李強. 1993. 『當代中國社會分層與流動』(北京：中國經濟出版社).
_____. 1999. "中國大陸城市農民工的職業流動." 『社會學研究』. 第3期.
_____. 2001. "中國外出農民工及其滙款之研究." 『社會學研究』. 第4期.
_____. 2004. 『農民工與中國社會分層』(北京：社會科學文獻出版社).
李濤·李眞. 2006. 『農民工流動在邊緣』(北京：當代中國出版社).
李玲. 2005. 『珠江三角洲人口遷移與勞動市場』(北京：科學出版社).
李路路. 2003. "向城市移民：一個不可逆轉的過程." 李培林 主編. 『農民工』(北京：社會科學文獻出版社).
李培林 主編. 1996. "流動民工的社會網絡和社會地位." 『社會學研究』第4期.
_____. 2003. 『農民工』(北京：社會科學文獻出版社).
李培林·李強·孫立平 等. 2004. 『中國社會分層』(北京：社會科學文獻出版社).
李若建. 2003. "外來人口分布與戶口制度改革探討." 『市場與人口分析』第4期.
李眞 主編. 2005. 『工殤者』(北京：社會科學文獻出版社).
_____. 2005. 『流動與融合』(北京：團結出版社).
李昌金 等. 2005. 『中國鄉村報告』(上海：學林出版社).
李漢林. 2004. 『中國單位制度』(上海：上海人民出版社).
王曉毅. 2003. "村莊中的外來人." 李培林 主編. 『農民工』(北京：社會科學文獻出版社).
張繼焦. 2004. 『城市的適應』(北京：商務印書館).
張桂棣·春桃. 2006. 『中國農民生死報告』(新疆：新疆人民出版社).
張喜才·房鳳文 編寫. 2006. 『農民工素質提升手冊』(北京：中國工人出版社).
章群·楊麗 主編. 2004. 『農民進城務工維權法律指南』(四川：四川出版集團·天地出版社).
蔣月 等. 2005. 『中國農民工勞動權利保護研究』(北京：法律出版社).

鄭孟烜 主編. 2006. 『城市化中的石牌村』(北京：社會科學文獻出版社).
鄭杭生·李路路 等. 2004. 『當代中國城市社會結構』(北京：中國人民大學出版社).
趙樹凱. 1994/1. "正確對待農民流動." 『經濟體制改革』(成都).
_____. 1998. 『縱橫城鄉-農民流動的觀察與研究』(北京：中國農業出版社).
_____. 2000. "他們的課桌在哪裏：大城市流動兒童義務教育問題的調查與建議." 馬洪·王夢奎. 『中國發展研究』(北京：中國發展出版社).
_____. 2000. "沈重的腳步：1999年的民工流動." 汝信·陸學藝·單天倫 主編. 『2000年：中國社會形勢分析與豫測』(北京：社會科學文獻出版社).
趙延東 外. 2006. "西部城鄉居民的貧困狀況." 汝信·陸學禮·李培林. 『2007年 中國社會形勢分析與豫測』(北京：社會科學文獻出版社).
朱昆·郭婕 主編. 2005. 『外出務工人員法律援助指南』(北京：中國經濟出版社).
周大鳴. 2006. 『渴望生存』(廣州：中山大學出版社).
朱信凱·陶煥潁. 2006. "農民工直接問卷調查情況分析." 國務院研究室課題組. 『中國農民工調研報告』(北京：中國言實出版社).
周擁平 等. 2004. 『看看他門』(北京：中國青年出版社).
中國社會科學院 人口研究所 編. 1999. 『中國人口年鑒 1999年』(北京：中國社會科學院 人口研究所).
陳民 等. 2003. 『農民工維權百問』(北京；中國工人出版社).
陳伯庚·顧志民·陸開和. 2003. 『城鎮住房制度改革的理論與實踐』(上海：上海人民出版社).
陳成文·孫中民. 2005. "二元還是一元：中國戶籍制度改革的模式選擇-國際經驗及其啓示." 『湖南師範大學社會科學學報』第2期.
陳安民, 劉曉霞 等. 2006. 『中國農民工：歷史與現實的思考』(北京：華齡出版社).
陳永 主編. 2006. 『南中國三農問題調查』(廣州：南方日報出版社).
陳映芳. 2003. 『移民上海』(上海：學林出版社).
陳嬰嬰. 1995. 『職業結構與流動』(北京：東方出版社).
陳傳鋒 等. 2005. 『被征地農民的社會心理與市民化研究』(北京：農業出版社).
陳曉華·張紅宇 主編. 2005. 『中國農村勞動力的轉移與就業』(北京：中國農業出版社).
蔡建文. 2006. 『中國農民工生存紀實』(北京：當代中國出版社).
蔡昉. 2000. 『中國流動人口問題』(鄭州：河南人民出版社).
_____. 2006. 『人口轉變的社會經濟後果』(北京：社會科學文獻出版社).
蔡昉·白南生 主編. 2006. 『中國轉軌時期勞動力流動』(北京：社會科學文獻出版社).
蔡昉·都陽·王美艷. 2005. 『中國勞動力市場轉型與發育』(北京：商務印書館).
馮舉 編著. 2005. 『農村常見行政問題政策法律解答』(河南：河南人民出版社).

肖春飛. 2005. 『我的民工兄弟』(上海：復旦大學出版社).
崔傳義. 2004. 『中國農民流動觀察』(太原：山西經濟出版社).
勞動和社會保障部書刊發行中心組織編寫. 2004. 『新編農民勞動保障權益政策回答』(北京：中國人事出版社).
韓俊. 1995. "我國農村勞動力轉移的現狀與特徵." 『農業經濟』6.
_____. 2000. 『中國流動人口問題』(鄭州：河南人民出版社).
項飈. 2000. 『跨越邊界的社區：北京浙江村的生活史』(北京：三聯書店).
_____. 1998. "逃避, 聯合與表達：浙江村的故事." 『中國社會科學季刊』春季號(總第22期).
_____. 1993/3·4·5. "北京有個浙江村"(上/中/下). 『社會學與社會調查』(京).
黃序 主編. 2004. 『北京城鄉：統籌協調發展研究』(北京：中國建材工業出版社).
黃平·杜銘那克 主編. 2006. 『農民工反貧困：城市問題與政策導向』(北京：社會科學文獻出版社).
張喜才·房鳳文 編寫. 2006. 『農民工素質提升手冊』(北京：中國工人出版社).
謝良敏 畢穎 編寫. 2006. 『農民工權益維護手冊』(北京：中國工人出版社).
陳民 等. 2003. 『農民工維權百問』(北京：中國工人出版社).
_____. 2003. 『農民工維權論』(北京：中國工人出版社).
李建平·呂靜 主編. 2006. 『農民工加入工會知識手冊』(北京：中國工人出版社).
齊香真 編著. 2005. 『農民工勞動權益保護問題政策法律解答』(河南：河南人民出版社).
失昆·郭姨 編著, 2005. 『外出務工人員法律援助指南』(北京：中國經濟出版社).
馮舉 編著, 2005. 『農村常見行政問題政策法律解答』(河南：河南人民出版社).
勞動和社會保障部書刊發行中心組織編寫. 2004. 『新編農民勞動保障權益政策回答』(北京：中國人事出版社).
齊香真 編著. 2005. 『農民工勞動權益保護問題政策法律解答』(河南：河南人民出版社).

〈신문기사 및 인터넷 자료〉
"農民工子女上學以流入地公辦中小學爲主上學收費與當地學生一視同仁." 『中國青年報』. 2003年 10月 1日.
"'農轉非'戶口將成歷史 北京戶籍制度進一步松動." 『揚子晚報』. 2001年 10月 24日.
"公安部負責人：我國不會取消戶籍管理制度." 『中國青年報』. 2002年 2月 26日.
"來京投資私企人員辦理北京常住戶口試行辦法公布." 『北京經濟報』. 2001年 10月 9日.
"不如早改 戶籍制度己成解決三農問題一大障礙." 『中國經濟時報』. 2005年 3月 18日.
"北京工作綠卡越來越好拿嗎." 『北京青年報』. 2001年 8月 20日.
"北京市公安局開始受理私企老板申請北京戶口." 『北京晨報』. 2001年 10月 26日.

"北京人事局新規:招聘廣告取消北京戶口限制."『北京晨報』. 2001年 8月 22日.
"北京戶口短期內不可能開放."『北京晨報』. 2001年 8月 25日.
"北京戶口門檻高 老板身家800萬戶口才能進京."『北京靑年報』. 2001年 10月 15日.
"北京戶籍改革:正式放寬農轉非條件."『北京晨報』. 2003年 4月 2日.
"北京戶籍改革四步曲."『中國經濟時報』. 2001年 8月 28日.
"北京戶籍人口超1170萬 市人大建議是高進京門檻." www.china.org.cn (검색일 : 2005. 9. 3).
"私企老板如何上北京戶口." [北京晚報]. 2001年 10月 1日.
"省級公安領導開始接訪 北京公安局長向市民道歉." http://politics.people.com.cn (검색일 : 2005. 9. 29).
"我國擬取消戶口制度界限 放寬大中城市戶口遷移限界."『法制日報』. 2005年 10月 26日.
"我爲北京蓋樓北京幇我安'家' 一民工生活紀實." http://www.soufun.com (검색일 : 2005. 7. 24).
"外地人落戶北京還需條件〈戶籍法〉正在制定中."『北京靑年報』. 2002年 2月 26日.
"流動人口:農民工是城鎭化主流群體 各地列入城市人口範疇." http://www.chinapop. gov.cn.(2005).
"流動人口:媒體關注流動人口體現社會的責任." www.chinapop.gov.cn.(2004).
"全國11個省市開始統一省鄕戶口 北京暫未列其中."『北京晚報』. 2005年 10月 28日.
"浙江取消民工就業聚籠咒停止執行外來工證卡制." http://zjc.zjol.com.cn (검색일 : 2005. 7. 24).
"中關村綠用員工沒有戶口限制."『新華社』. 2002年 12月 27日.
"中國戶口管理制度變遷."『中國經濟報』. 2001年 6月 26日.
"招聘不限北京戶口不意味著戶口制度松動."『北京靑年報』. 2001年 8月 23日.
"出現人戶分離 北京2008年人口突破1600萬."『北京靑年報』. 2002年 10月 9日.
"戶口遷移限制逐步放寬 城鄕統一戶口不是夢."『北京晨報』. 2002年 1月 5日.
"戶籍改革路在何方."『人民日報(海外版)』. 2004年 10月 8日.
崔派. "農村外出務工靑年是重要的人力資源."『中國靑年報』. 1995年 4月 2日.
曉京. "鄕下人進城求發展, 城裏人須抱平常心."『中國靑年報』. 1995年 5月 18日.
寥華華. "人大代表建議將戶口審批制度改爲遷徙登記制度."『新京報』. 2005年 3月 15日.
阿良. "誰是最需要北京戶口的人." [千龍新聞網 2001年 10月 5日]. www.china.org.cn (검색일 : 2005. 9. 3).
餘安. "廣州規正流動人員連住七年可申領戶口." www.china.org.cn (검색일 : 2005. 9. 3).
王海光. "城鎭化進程中的戶口制度改革硏究." www.dajun.com.cn/hujigg.html (검색일 : 2002. 9. 1).
劉英才. "流動人口:北京'外來人口'改稱'流動人口'體現平等尊重." www.chinapop.g

ov.cn(검색일, 2005년 7월 24일).

李鎔. "胡錦濤等就公安機關開門接訪工作重要指示." 人民網 http://politics.people.com.cn(검색일 : 2005. 10. 29).

陳端. "廣東省戶口制度改革：一個了不起的進步." 『法制日報』. 2003年 3月 28日.

馮瑛冰. "流動人口：北京廢止外來人員務工管理規正等近30項政策規章." www.chinapop.gov.cn(검색일 : 2005. 7. 24).

Becquelin, Nicolas. 2003. "Without residency rights, millions wait in limbo." *SCMP*. 22, jan.

Beja, Jean Philippe. 1999. "How Social Strata Come to Be Formed (Part One)." *China Perspectives* No. 23.

Berry, John. 1987. "Finding Identity : Segregation, Integration, Assimilation, or Marginality?." in Leo Driedger (ed.). *Ethnic Canada : Identities and Inequalities* (Toronto : Copp Clark Pitman).

Cai, Fang. 2004. "How Close is China to a Labor Market?." POSRI International Forum on China's Development : Key Challenges for China's Sustained Growth (POSCO Research Institute).

Chan, Kam Wing. *Cities With Invisible Walls : Reinterpreting Urbanization in Post 1949 China* (Hong Kong and New York : Oxford University Press).

Chan, Kam Wing and Zhang Li. 1999. "The hukou system and rural-urban migration in China : processes and changes." *The China Quarterly*.

Cheng, Tiejun and Mark Selden. 1994. "The Origins and Social Consequences of China's Hukou System." *The China Quarterly* No. 139.

Cheung, Gary. 2003. "Migrants' rights violated, says official." *South China Morning Post*(march).

Christiansen, Flemming. 1990. "Social Division and Peasant Mobility in Mainland China : The Implications of the Hu-k'ou System." *Issues & Studies* Vol. 26. No. 4 (April).

Gans, Herbert. 1999. "Toward a Reconciliation of 'Assimilation' and 'Pluralism' : The Interplay of Acculturation and Ethnic Retention." in Charles Hirschman et al. (eds.). *The Handbook of International Migration* (New York : Russell Sage Foundation).

Goldman, Merle and Elizabeth J. Perry(eds.) 2002. *Changing Meanings of Citizenship in Modern China* (Cambridge : Harvard University Press).

Hollifield, James F. 1992. *Immigrants, Market and State : The Political Economy of*

Postwar Europe (Cambride, MA : Harvard University Press).

Kindleberger, Charles P. 1967. *Europe's Postwar Growth : The Role of Labor Supply* (Cambride, MA : Harvard University Press).

Knight, John. Song Lina and Jia Huaibin. 1999. "Chinese Rural Migrants in Urban Enterprises : Three Perspectives." *The Journal of Development Studies.* Vol. 35. No. 3(Feb).

Keidel, Albert. 2004. "Prospects for Continued High Economic Growth in China." POSRI International Forum on China's Development : Key Challenges for China's Sustained Growth (POSCO Research Institute).

Lard, Nicholas. 2002. *Integrating China into the Global Economy* (Washington D.C. : Brookings Institution).

Lee, Ching Kwan. 1999. "From Organized Dependence to Disorganized Despotism : Changing Labour Regimes in Chinese Factories." *China Quarterly* No. 157.

Lu, Xiaobo and Elizabeth Perry(eds.). 1997. *Danwei : the Changing Chinese Workplace in Historical and Comparative Perspective* (New York : M. E. Sharpe).

Ma, Josephine. 2003. "Drive to secure migrant workers' pay." *SCMP*(Jan).

Ma, Laurence J. C. and Xiang Biao. 1998. "Native Place, Migration and the Emergence of Peasant Enclaves in Beijing." *The China Quarterly.* No. 155.

Mallee, Hein. 2000. "Migration, hukou and resistance in reform China." Elizabeth J. Perry and Mark Selden(eds.). *Chinese Society : Change, Conflict and Resistance* (London : Routledge).

_____. 1995. "China's Household Registration System Under Reform." *Development and Change* No. 26.

Nolan, Peter. 1995. *China's Rise, Russia's Fall : Politics, Economics and Planning in the Transition from Stalinism* (New York : St. Martin's Press).

Richard, Alba & Victor Nee. 1999. "Rethinking Assimilation Theory for a New Era of Immigration." in Charles Hirschman et al. (eds.). *The Handbook of International Migration* (New York : Russell Sage Foundation).

Solinger, Dorothy. 2004. "The Creation of a New Urban Underclass in China and its Implications." POSRI International Forum on China's Development : Key Challenges for China's Sustained Growth (POSCO Research Institute).

_____. 1999a. *Contesting Citizenship in Urban China : Peasant Migrants, the State, and the Logic of the Market* (Berkeley : University of California Press).

_____. 1999b. "China's Floating Population." in Merle Goldman & Roderick

MacFarquhar (eds.). *The Paradox of China's Post-Mao Reforms* (Cambridge : Harvard University Press).

_____. 1999c. "Citizenship Issues in China's Internal Migration : Comparisons with Germany and Japan." *Political Science Quarterly* Vol. 114. No. 3.

_____. 1996. "The Impact of Migrants on City Service." *Chinese Environment and Development* 7 (1 and 2).

_____. 1995. "The Floating Population in the Cities : Chances for Assimilation?" in Deborah Davis, Richard Kraus, Barry Naughton, and Elizabeth Perry (eds.). *Urban Spaces in Contemporary China* (Cambridge : Cambridge Univer sity Press).

_____. 1995. "China's Urban Transients in the Transition from Socialism and the Collapse of the Communist 'Urban Public Goods Regime'." *Comparative Politics*(Jan).

_____. 1992. "China's Transients and the State : A Form of Civil Society?" *Politics & Society* Vol. 20. No. 4(Dec).

Thomas, Rawski. 1999. "Reforming China's Economy : What Have We Learned?" *The China Journal* No. 41.

Todaro, Michael J. 1969. "A Model of Labor Migration and Urban Unemployment in Less Developed Countries." *American Economic Review.* Vol. 59. No. 1(March).

Wang, Fei-Ling. 2005. *Organizing Through Division and Exclusion : China's Hukou System* (Stanford : Stanford University Press).

_____. 2004. "Reformed Migration Control and New Targeted People : China's Hukou System in the 2000s." *The China Quarterly* No. 177.

Wiest, Nailene Chou. 2003a. "Migrants step up flight for back pay," *SCMP*(22, Jan).

_____. 2003b. "Youths criticise migrants' treatment." *SCMP*(5, March).

Xiang, Biao. 1996/6. "How to Create a Visible Non-State Space Through Migration and Marketized Traditional Networks : An Account of a Migrant Community in China." Paper Submitted for the International Conference on Chinese Rural Labor Force Mobility. Beijing.

Yang, Yang. 2001. "Social Exclusion and Economic Discrimination : The Status of Migrations in China's Coastal Rural Area." Working paper E2001005. China Center for Economic Research. Peking University.

Zhang, Li. 2001. *Strangers in the City : Reconfigurations of Space, Power, and Social Networks Within China's Floating Population* (Stanford : Stanford University Press).

_____. 2001. "Migration and Privatization of Space and Power in Late Socialist China."

American Ethnologist Vol. 28. No. 1.

Zhou, Min. 1997. "Segmented Assimilation : Issues, Controversies, and Recent Research on the New Second Generation." *International Migration Review.*